HOMENAJE A ELISEO PÉREZ CADALSO

UN HOMBRE NO COMÚN

ERANDIQUE
COLECCIÓN

UN HOMBRE NO COMÚN
Homenaje a Eliseo Pérez Cadalso

©Colección Erandique
Supervisión Editorial: Óscar Flores López
Diseño de portada: Andrea Rodríguez
Administración: Tesla Rodas—Jessica Cordero
Director Ejecutivo: José Azcona Bocock
Primera Edición
Tegucigalpa, Honduras—Octubre 2025

EL DOCTOR AGUILAR PAZ TENÍA RAZÓN

El 3 de febrero de 1999 falleció en Tegucigalpa, a los setenta y nueve años de edad, el abogado, diplomático, poeta, ensayista, narrador y Premio Nacional de Literatura "Ramón Rosa" 1977, Eliseo Pérez Cadalso.

De inmediato, los grandes intelectuales y artistas del país, las mentes más creativas, publicaron columnas en los periódicos para lamentar la partida de uno de los pesos pesados de la literatura hondureña.

Un año más tarde, varios de esos artículos fueron publicados en la edición número 4 de la Revista de la Academia Hondureña de la Lengua, correspondiente a enero-diciembre de 2000.

Esos artículos nos permiten descubrir, en alguna medida, quién fue Eliseo Pérez Cadalso.

En Colección Erandique decidimos rescatar esos artículos, así como tres de sus cuentos y su ensayo El habitante de la Osa, precisamente con ese objetivo: recordar su vida y su obra:

Vendimia (poemas), Jicaral (poemas), Guillén Zelaya en el Neomodernismo de América (ensayo), Voces de bronce y Poeta y muerte en el camino de Martí (discursos), Valle, apóstol de América (ensayo), Cenizas (cuentos), Habitante de la Osa, vida y pasión de Juan Ramón Molina (ensayo), Nuestro servicio exterior: crítica y reestructuración (ensayo), Achiote de la comarca (cuentos, Guatemala, 1959) y El rey del tango (cuentos).

"Desde los diez empecé a sentir la comezón de hacer versos. Y, sin embargo, no fue sino hasta los quince cuando aparecieron mis primeros escarceos publicados en semanarios de mi pueblo, Choluteca, tales como La Voz del Sur, Hoy, La Columna y algún otro por ahí", le diría al ensayista Manuel Salinas Pagoada en una entrevista (página 51).

El historiador y escritor Mario Argueta dijo de Eliseo Pérez Cadalso:

"Genuinamente modesto en su personalidad, Eliseo Pérez Cadalso otorgaba igual trato al encumbrado que al humilde; a la celebridad que al ser anónimo. Su inagotable humor lo llevó consigo de por vida, intercalándolo en la conversación cotidiana, en la cátedra, en el artículo periodístico.

A pesar de sufrir acoso político, no guardó ni rencor ni sentimiento revanchista para el adversario partidista; alentó a los que le precedieron generacionalmente para participar en la cultura, con el propósito de mantener renovadas ideológicamente a las academias y cenáculos."

Por su parte, el recordado doctor y excandidato presidencial Enrique Aguilar Paz lo describió como "un hombre no común".

Además de escribir su propia obra, el abogado Pérez Cadalso fue mentor de aquel grupo que se reunía todos los sábados en el barrio El Guanacaste de Tegucigalpa a estudiar a Juan Ramón Molina.

Ese grupo sería conocido como Los trece locos del Guanacaste.

Uno de los grandes legados de Pérez Cadalso sería el monumento a Juan Ramón Molina, esculpido por Mario Zamora, y que se encuentra en el Parque La Libertad, frente a Bellas Artes en Comayagüela.

Ese monumento —señalaría el doctor Aguilar Paz— "personalmente, lo califico como un homenaje al mismo Cecilio Eliseo".

Helen Umaña, nuestra amada y admirada crítica literaria, en un análisis sobre los cuentos de Eliseo Pérez Cadalso, señala:

"Encasillarlo dentro del criollismo es reducir el alcance de su obra. Sin lugar a dudas, él sucumbió a la fuerza que emanaba de la narrativa de la tierra. La mayor parte de sus textos así lo indican. Sin embargo, también recogió inquietudes que ya encaminaban la narrativa hondureña hacia nuevos derroteros."

Aunque este libro-homenaje solo contiene tres de sus cuentos, en Colección Erandique tenemos planeado publicar la totalidad de la producción literaria del abogado Pérez Cadalso.

Mientras ese momento llega, conózcalo a través de la pluma de otros grandes escritores, de tres cuentos y del ensayo El habitante de la Osa: vida y pasión de Juan Ramón Molina.

ÓSCAR FLORES LÓPEZ/EDITOR DE COLECCIÓN ERANDIQUE

ELISEO PÉREZ CADALSO: UN VALOR NACIONAL: Por HERNÁN CÁRCAMO TERCERO

No se habían secado aún las lágrimas que produjo la muerte de Hernán Corrales Padilla, cuando otro valor nacional, Eliseo Pérez Cadalso, también producto de la ardiente porción sureña de nuestro suelo patrio, fue obligado a abandonarnos intempestivamente. Dos astros refulgentes del firmamento nacional; dos prohombres que, siendo poseedores de excepcionales características individuales, coincidieron en amar entrañablemente y servir con entusiasmo, con fe y con el máximo que les fue dable de sus aptitudes físicas y mentales, a una madre común: Honduras.

Bien decía André Gide: "No valemos sino por lo que nos distingue de los otros. Lo que importa en nosotros es lo que nosotros solos poseemos, lo que no se puede encontrar en otro."

Si alguien se ha despedido de la vida con singular grandeza, es Eliseo Pérez Cadalso. Y no podía haber sido de otra manera de parte de quien debió sentirse satisfecho, porque dejaba detrás de sí una obra inmensamente prolífica, la que fue consagrada enteramente a su patria, con las inocultables manifestaciones de una siempre encendida devoción filial.

El origen de Eliseo Pérez Cadalso puede resumirse así: nació en la humildísima aldea de Santa Teresa, en jurisdicción del municipio de El Triunfo, departamento de Choluteca, habiendo sido hijo natural del maestro de instrucción pública don Gustavo Cadalso Flores y de la trabajadora doméstica María Pérez Vega. El haber nacido en el mismo departamento en que naciera el sabio José Cecilio del Valle, coincidiendo con él en el nacimiento el 22 de noviembre y, finalmente, el haberle antepuesto a su nombre de pila "Eliseo" el de "Cecilio", ya en su madurez intelectual consideró él que esa serie de coincidencias eran como un mandato que le imponía el destino para remarcar las huellas luminosas de su ilustre antecesor y mantener siempre en alto la grandiosidad de su enorme valía. De ello nos ha dejado como testimonio su obra intitulada Valle, Apóstol de América.

Para quien, como él, vino comprometido con un supremo deseo de superación y con afiladas garras de luchador, tuvo que saltar sobre la pequeñez ambiental para salir en busca de las fuentes y oportunidades para satisfacerla, venciendo los aspectos supuestamente vulnerables de su humilde origen y de la casi orfandad de respaldo económico, lo que le significó el penoso recorrido de la aldea a la cabecera departamental; y, finalmente, de esta a la capital de la República. Al concluir su itinerario y satisfacer su primera misión, había logrado ya proveerse de los instrumentos que lo capacitaban para luchar resueltamente en labrarse una digna y fructífera existencia.

Como no todo está en manos de la ciencia y la sabiduría, todo hombre necesita tener a su lado el mágico poder, estimulante y complementario, de la mujer amada. Del florido jardín de la Sultana del Sur, conquistó a una de sus más bellas flores, la señorita María Teresa Arias, para convertirla en su esposa para toda la vida. Siempre reconoció y exaltó sus cualidades y virtudes, y se solazaba de haber hecho la más acertada de las selecciones. Siempre le brindó un trato impregnado del más tierno amor. La respuesta de ella, preparada como estaba para mantener la armonía y la comprensión ininterrumpidamente, fue también de la misma naturaleza y dimensión. Ese diálogo amoroso duró casi medio siglo, con lo que se consolidó lo que, en el lenguaje de nuestra limitada duración de la vida terrenal, puede conceptuarse como un amor eterno, al que solo una fatalidad más fuerte que la voluntad humana y absolutamente inaccesible a toda razón de índole sentimental pudo, irremediablemente, interrumpir.

Eliseo supo, con auténtica entrega paternal y naturalmente auxiliado con la presencia maternal, educar y encauzar a sus hijos con los más firmes principios de la moral, los siempre vigentes principios y mandamientos cristianos, con las rigurosas leyes de la ciencia y el poder convincente de su propio ejemplo. Sus esfuerzos no fueron en vano, pues fue bien correspondido, al haberse preparado por sí mismos para forjarse un brillante porvenir, cubriéndose así lo que ocupa mayor relevancia en la rigurosa escala de las valoraciones, como es aquello de que es más meritorio llegar a ser que haber nacido siendo. En un artículo suyo intitulado Testamento de un hombre común, que apareció en el último número de la Revista de la Academia Hondureña de la Lengua, como si se tratara de una real cláusula de un testamento solemne abierto, escribió lo siguiente:

"En consecuencia, a mis caros descendientes les dejaré, Dios primero, no un capital económico sino una herencia de honor, de civismo y dignidad; de amor al trabajo, de culto a la buena fe, lo mismo que a la amistad con derechos y deberes, y de servicio a los otros, sin esperar nada a cambio."

Hablan muy en alto de su enorme capacidad y entrega total al cumplimiento de sus deberes la multiplicidad de brillantes actuaciones, que han quedado para perpetua memoria en los campos del ejercicio profesional de la abogacía, la docencia universitaria, la diplomacia y el periodismo. En cuanto a su excelente producción literaria, nos dejó creaciones para deleitar los espíritus sensibles y cultivados, y orientar a los sedientos de saber en las ramas del cuento, la poesía, el ensayo, la oratoria, sin haber sido ajeno al humorismo que manejó con especial habilidad y al lenguaje coloquial que, por su inocultable facundia, siempre tenía a su alrededor a muchos oyentes e interlocutores. Como director y miembro de la Academia Hondureña de la Lengua, fue un aferrado defensor de la pureza de nuestro idioma como elemento esencial de la cultura; iniciador y propulsor de los derechos políticos de la mujer, la autonomía universitaria y la creación de los premios nacionales de ciencias, letras y artes.

Como se tiene la creencia generalizada de que a los que mueren solo se les señalan cualidades y se hacen a un lado sus errores y defectos, Pérez Cadalso, como ser humano, también los tuvo; pero, como no nos corresponde irrumpir en un terreno de tan respetable intimidad, dejamos que sea él, con sus propias palabras, quien lo haga de la siguiente manera:

"He aquí mi testamento, el testamento de un pecador, quien, a lo largo de su itinerario, ha cometido muchos errores y conseguido pocos aciertos; pero que siempre ha tratado de corregir los primeros y mejorar los segundos mediante el procedimiento de conocerse a sí mismo, tarea esta que, expresada en buen romance, es el reto más punzante para el llamado homo sapiens, que es criatura limitada, proteica y perecedera. El mérito no radica en no haber caído nunca, sino en saber levantarse después de cada caída."

En política vernácula, siendo fiel a su linaje, al solo permitírselo las leyes, se afilió al Partido Nacional de Honduras, al que prestó importantes servicios y siempre estuvo presto a colaborar en todo lo que contribuyera a su grandeza, y jamás se desvió de esa línea de conducta.

Para quien en su vida fue un convencido cultor de lo que, con realismo y seriedad, es la amistad, conociendo las bondades y flaquezas humanas, sabía conquistar amigos y se aferraba a conservarlos a todo trance, por lo que a la hora de su muerte hubo un sentimiento de pesar generalizado, una especie de duelo nacional sin sello oficial. Mujeres y hombres, jóvenes y ancianos enjugaron ardientes lágrimas, las que fueron acompañadas de fervientes ruegos, para que en el reino del más allá encuentre su descanso eterno.

Por eso es que dijimos antes que, si alguien se ha despedido de la vida con singular grandeza, es Eliseo Pérez Cadalso.

DON ELISEO Y MANUEL: Por JUAN ANTONIO MEDINA DURÓN

Se han muerto dos amigos buenos: don Eliseo Pérez Cadalso y Manuel Salinas Pagoada. Y aunque su presencia permanecerá en sus escritos, la desaparición física de ambos nos ha dolido a todos, de una u otra manera.

El recuerdo de don Eliseo y de Manuel se entremezcla en mi memoria gracias a una serie de coincidencias afortunadas.

En primer lugar, conocí a los dos en el acogedor ámbito de la otrora Escuela Superior del Profesorado Francisco Morazán hace muchos años. El abogado Pérez Cadalso impartía cátedra de periodismo y mi abuelo, a la sazón subdirector de aquel establecimiento, me lo presentó personalmente.

Aún me resulta difícil de explicar la honda impresión que estar ante el autor de Cenizas y otras obras causó en el joven de entonces; pero lo que me es inolvidable fue la calidez y el extraordinario sentido del humor, la vitalidad y el ingenio verbal que emanaban de aquella personalidad polifacética (poeta en verso, cuentista, diplomático, periodista y político honesto).

Con el correr de los tiempos, y ya como estudiante de la misma institución, tuve la oportunidad de ser alumno del doctor Manuel Salinas y, después, su compañero de labores en la Universidad Nacional Autónoma de Honduras y en la hoy Universidad Pedagógica Nacional Francisco Morazán. Hombre dedicado al estudio perseverante, Manuel fue ensayista, antólogo, diplomático en los últimos años y, quizá, su cometido más trascendente: hizo por mucho tiempo periodismo cultural. La Tribuna sabatina es la mejor evidencia de ello; ahí incentivó, vía la ansiada publicación, sin egoísmo de ningún tipo, la vocación de literatos y literatas, antropólogos, historiadores, sociólogos e intelectuales de viejas o nuevas generaciones.

En segundo lugar, fue don Eliseo el promotor de mi candidatura como miembro de la Academia Hondureña de la Lengua, benemérita entidad que él dirigió con sumo acierto; en la ceremonia de la incorporación correspondiente, tras la lectura de mi obligada ponencia, tocó a Manuel Salinas (de antes, académico) responderla.

En lo personal, ambos me honraron siempre con su franca amistad; profesionalmente, tanto don Eliseo como Manuel me colmaron con inmerecidas satisfacciones.

Su deceso no solo enluta a las letras nacionales, sino también es una lamentable pérdida para el país.

La memoria puede ser tan frágil como el cristal; sin embargo, tratándose de ellos, puede ser tan obstinada como la misma muerte.

EL GRAN CONVERSADOR: Por PEDRO PINEDA MADRID

Con la muerte de Eliseo Pérez Cadalso desaparece en nuestro medio el mejor interlocutor, que convertía la conversación en un arte y que, agregada a ello, con su media sonrisa habitual lograba pronto subyugar a sus oyentes.

Él se imponía sin quererlo; pues, aparte de su innata humildad, dejaba a sus oyentes la ocasión de intervenir también ellos en la plática, haciendo de ella una intercomunicación y dándoles a entender que ellos, los interlocutores, también tenían ideas y podían expresarlas.

En los temas de trascendencia era fino y sutil, como buen poeta que era.

—¿Cómo te explicas, Eliseo —le dije un día—, el fenómeno social de las religiones? ¿Por qué hasta el más intransigente ateo siente, allá en el fondo de su conciencia, palpitar la llama que lo lleva a la creencia, aun cuando lo niegue a gritos? ¿Por qué ha habido hombres como Cristo, que asumen haber nacido para dirigir al mundo en las cosas de la vida y de la muerte?

"Oye, Pedro —me dijo—: tú sabes que no soy un asiduo de las iglesias; tú tampoco lo eres. Pero uno y otro, igual que millares de seres humanos, rezamos; sí, rezamos y con fervor, al contemplar entre aturdidos y admirados el firmamento cuajado de celajes que parecen cobrar vida al toque mágico de la luz del sol. También rezamos, por miedo o por admiración, al ver las olas rugientes del mar despedazarse inofensivas ante los muros de leve arena de la playa. Y en cuanto a esos seres de prodigio que han fundado religiones —me dijo más o menos así—, yo pienso que allá arriba, o aquí abajo, o donde quiera que fuere, hay una fuerza superior que nuestra débil razón no comprende y que, de tiempo en tiempo, ha enviado a la Tierra a esos iluminados sublimes que nacen como hombres y mueren como dioses, cuyas enseñanzas guiarán siempre a la humanidad.

Ningún dogma me enseña más que eso; yo lo admito y, más aún, lo pregono y lo difundo."

Yo le dije:
—¿Y tú, a cuál de esos iluminados prefieres?
Y con teológico aplomo me contestó:
—¡Yo no tengo ya que escoger; con Jesucristo me sobra!
Así era el gran conversador que se nos ha ido. ¡Adiós, amigo querido; continúa conversando, ahora entre los astros y las estrellas!
Tegucigalpa, M. D. C., 8 de febrero de 2000.

SE FUE OTRO HABITANTE DE LA OSA: Por MARIO ARGUETA

Hemos perdido a un amigo, a un distinguido escritor, diplomático, político, periodista, parlamentario, catedrático, autor, entre otras, de las siguientes obras: Vendimia, poemas; Guillén Zelaya en el Neomodernismo de América; Voces de bronce; Poesía y muerte en el camino de Martí; Valle, apóstol de América; Cenizas, cuentos; La dieta de Chinandega y sus proyecciones político-jurídicas; Achiote de la comarca, cuentos; Vigencia universal de Darío; El rey del tango, cuentos; Habitante de la Osa: vida y pasión de Juan Ramón Molina; Nuestro servicio exterior (crítica y reestructuración); Oro de Yuscarán; Precursores indigenistas: José Cecilio del Valle; Puntos y comas de la diplomacia.

Respecto a su importancia como cuentista, el recién desaparecido Manuel Salinas lo evaluó así:

"Al analizar sus cuentos observamos que la mayoría de ellos tienen como marco espacial de sus historias narrativas el campo, la aldea, el caserío, la finca, la hacienda, el pueblo. Son cuentos rurales que plantean fundamentalmente una temática agraria; sus personajes son prototipos, muy bien caracterizados social, cultural e ideológicamente, y que en el texto conducen la historia central y alrededor de los cuales giran las demás acciones narrativas. Son personajes auténticos, humanos, tomados de la realidad y que representan la visión del mundo del hombre del campo..."

Y eso fue precisamente, en sus orígenes, don Eliseo Pérez Cadalso: un hijo de El Triunfo. Siempre estuvo orgulloso —y lo proclamó— de su linaje. Dejó el lar natal para trasladarse a la capital, en búsqueda de superación a sus inquietudes; fue así que muy joven se graduó en la antañona Facultad de Ciencias Jurídicas de la Universidad Nacional, para luego continuar estudios avanzados en Colombia.

De regreso a la patria, inició su militancia política en el Partido Nacional, inscrito en la corriente renovadora del galvismo; en su calidad de diputado presentó dos trascendentales proyectos de ley: uno creando los Premios Nacionales de Arte, Ciencia y Literatura — Pablo Zelaya Sierra, José Cecilio del Valle y Ramón Rosa, respectivamente (1949)—, en tanto que su iniciativa para otorgar el derecho al voto a la mujer se hizo realidad en el gobierno de Julio Lozano Díaz, en 1955.

Genuinamente modesto en su personalidad, Eliseo Pérez Cadalso otorgaba igual trato al encumbrado que al humilde; a la celebridad que al ser anónimo; su inagotable humor lo llevó consigo de por vida, intercalándolo en la conversación cotidiana, en la cátedra, en el artículo periodístico.

A pesar de sufrir acoso político, no guardó ni rencor ni sentimiento revanchista para el adversario partidista; alentó a los que le precedieron generacionalmente para participar en la cultura, con el propósito de mantener renovadas ideológicamente a las academias y cenáculos.

Sus principios éticos los transmitió a sus hijos, sabedor de que es en el hogar donde tienen que forjarse y consolidarse antes que en la institución educativa. Y ellos supieron corresponder a sus esfuerzos y a sus prédicas, y fueron a su vez transmitidas a sus vástagos.

Anheló la profesionalización tanto de nuestro periodismo como de los agentes diplomáticos en el exterior. Fue así que su primer sueño se vio culminado con los cursos impartidos por la Escuela Superior del Profesorado Francisco Morazán de Tegucigalpa, egresando de los mismos varios comunicadores aún activos en los medios de comunicación; el segundo, lamentablemente, aún no se ha concretado, lo que ha incidido en la ausencia de una política exterior a la vez auténtica y coherente, ajustada a objetivos de largo alcance.

Admirador permanente del más grande poeta hondureño de todos los tiempos, Juan Ramón Molina, organizó, junto con otros doce compatriotas, el comité dedicado a divulgar la prosa y el verso del bardo, así como a levantarle un monumento escultórico en su nativa Comayagüela. Posteriormente, con la colaboración de autoridades edilicias guatemaltecas, se erigió un busto de Molina en Quetzaltenango, ciudad donde el poeta y prosista ejerció el periodismo combinado con estudios secundarios a finales del pasado siglo.

Hoy que este sobresaliente cholutecano ha fallecido, extendemos nuestro pésame tanto a su honorable familia como a los miembros de la Academia Hondureña de la Lengua.

ELISEO PÉREZ CADALSO, JURISTA, POETA, ENSAYISTA Y DIPLOMÁTICO: Por HOSTILIO LOBO DIAZ

Eliseo Pérez Cadalso vio su primer amanecer en el municipio de El Triunfo, departamento de Choluteca, el 22 de noviembre de 1920, y desde temprana edad sintió fuerte inclinación por el cultivo de las letras y una insaciable sed por el estudio.

Hizo sus estudios primarios en su pueblo natal y sus estudios de segunda enseñanza en el Instituto José Cecilio del Valle de la ciudad de Choluteca.

Al iniciar la década del cuarenta, inició y concluyó con éxito estudios de Derecho en la Facultad de Ciencias Jurídicas y Sociales de la entonces Universidad Nacional de Honduras, graduándose a temprana edad de licenciado en Ciencias Jurídicas y Sociales, y meses después obtuvo el título de abogado y notario público de los tribunales de la República.

Combinó sus estudios de Jurisprudencia y Ciencias Sociales con los estudios literarios, escribiendo entonces poemas, narraciones y ensayos de alto contenido, y su condición de abogado no opacó al literato.

En las aulas universitarias se encuentra con el joven Víctor Eugenio Castañeda Palacios, conocido en el ambiente de las letras con el seudónimo de Jaime Fontana (1922-1972), con quien cultiva profunda amistad por su afinidad en la vocación de moldear la palabra.

En 1942, don Eliseo Pérez Cadalso obtiene el primer premio en el gran concurso morazánico nacional con su Oda al General Morazán, héroe centroamericano, y su entrañable compañero y amigo Jaime Fontana obtiene el primer premio de ensayo por su trabajo El Cuasi-Contrato Social. Ese mismo año, obtiene la Flor Natural en los Juegos Florales de la Cruz Roja Hondureña con su trabajo literario El poema del desterrado.

En 1943 enriquece la bibliografía nacional al publicar su primer libro de poemas, que tituló Vendimia.

El abogado, poeta y escritor don Eliseo Pérez Cadalso viaja a Bogotá, Colombia, a mediados de la década del cuarenta a realizar estudios de Jurisprudencia, obteniendo un posgrado. Bogotá es conocida como la "Atenas de América" y el escritor frecuenta los círculos literarios como el grupo "Piedra y Cielo" y publica su segundo libro de poemas en el año de 1946, titulado Jicaral.

En el año de 1949, en la administración naciente del doctor Juan Manuel Gálvez, el abogado Eliseo Pérez Cadalso se convirtió en diputado al Congreso Nacional. Tenía 28 años de edad, siendo el diputado más joven de Honduras. Representaba a su nativa Choluteca y, no obstante su juventud, ya ocupaba un lugar sobresaliente dentro de la literatura y la política hondureña.

Por iniciativa suya, juntamente con la del escritor Víctor Cáceres Lara, diputado por el departamento de Lempira, y don Conrado Bonilla, diputado por el departamento de Cortés, en el año de 1951 se crean los premios de Ciencias, Arte y Literatura. Don Eliseo fue diputado durante el período de 1949 a 1954, sobresaliendo como brillante parlamentario, integrando su junta directiva como secretario.

El abogado Eliseo Pérez Cadalso cultivó con fino acierto el difícil género de la narrativa, publicando cuatro libros de cuentos: Cenizas, Achiote de la comarca, Hondón catracho y El rey del tango. Por este último libro fue acreedor a un primer premio literario en la República de Guatemala.

En la rama del ensayo ha publicado obras de aquilatada madurez literaria como Valle, Apóstol de América, Habitante de la Osa (vida y obra de Juan Ramón Molina), Guillén Zelaya en el Neomodernismo de América, Vigencia universal de Darío y Puntos y comas de la diplomacia.

Eliseo Pérez Cadalso, además de diputado-secretario del Congreso Nacional, fue consejero de Estado en el gobierno de don Julio Lozano Díaz, funcionario de la Organización de Estados Centroamericanos (ODECA) con sede en San Salvador, El Salvador (1958-1963), embajador de Honduras en El Salvador (1963-1967), embajador de Honduras en Nicaragua, México y España, y, para culminar su carrera en el campo diplomático, fue ministro de Relaciones Exteriores de Honduras.

En el campo académico, ha sido catedrático en la Facultad de Ciencias Jurídicas y Sociales de Honduras, miembro del Colegio de Abogados de Honduras y de El Salvador —país este último en donde ejerció su profesión de abogado durante ocho años consecutivos—; presidente de la Asociación de Prensa Hondureña, miembro de la Academia de Geografía e Historia de Honduras, Guatemala, Costa Rica y México, miembro de la Academia Hondureña de la Lengua correspondiente de la Española. En 1978 se le otorgó el Premio Nacional de Literatura Ramón Rosa. También fue Premio Paulino Valladares de la Asociación de Prensa Hondureña y Álvaro Contreras del Colegio de Periodistas.

El abogado don Eliseo Pérez Cadalso fue uno de los literatos más sólidos que han nacido bajo este límpido cielo hondureño.

En la noche del tres de febrero del corriente, Dios nuestro creador recogió, para llevar a su lado, el espíritu diáfano y bueno de don Eliseo Pérez Cadalso, el hombre que me aconsejó y estimuló, que supo valorar a sus amistades. Prueba de ello son los siguientes telegramas:

Tegucigalpa, 25 de marzo de 1996. 13 p. 3 p. m. vía Hondutel.
Licenciado Hostilio Lobo Díaz. Catacamas, Olancho.
Gracias por generosa mención. Siempre esperamos mucho de tu viña intelectual. Afectuosos saludos.
Eliseo Pérez Cadalso.

Tegucigalpa, D. C., 24/feb./97.
Licenciado y escritor Hostilio Lobo Díaz. Catacamas, Olancho.
Muchas gracias por noble y generoso comentario. Fraternales saludos.
Eliseo Pérez Cadalso.

Descanse en la paz del Señor el alma pura y noble de don Eliseo Pérez Cadalso.

CECILIO ELISEO, UN HOMBRE NO COMÚN: Por ENRIQUE AGUILAR PAZ

Hay hombres que han sido extraordinarios por su admirable talento, por su prodigiosa creatividad, por el esplendor de sus ideas, por la proyección universal de su personalidad, por virtud de su modestia, por el consagrado amor a su terruño natal. Son seres verdaderamente estelares que, con su propia luz, iluminan el sendero por el cual deben transitar los hombres comunes.

En Honduras ha habido, tanto mujeres como hombres, con esas características. En esta ocasión deseo referirme a uno de esos predestinados: Cecilio Eliseo Pérez Cadalso.

Nació tierra adentro, en la humilde aldea Santa Teresa, del municipio de El Triunfo, Choluteca, en los confines sureños de Honduras. Por curiosa coincidencia, su día natal, el 22 de noviembre (de 1920), corresponde al del sabio José Cecilio del Valle; el nombre del sitio es en recuerdo de la Doctora de Ávila y su segundo nombre evoca al gran profeta Eliseo. Concurrieron tres aspectos trascendentes que configurarían después la singular personalidad de este extraordinario hondureño, quien, además de su innato talento, tuvo también una infinita sed de saber y un indomable espíritu de lucha por superarse.

Primero se graduó de maestro, en Choluteca, en 1940. Siguió siendo siempre un verdadero maestro en todas las disciplinas por las cuales transitó en su vida: educador, abogado, político, legislador, diplomático, poeta, escritor, crítico literario, periodista, catedrático de Derecho Internacional, pero, sobre todo, sobresalió en caminar con firmes pasos en la más querida de sus avenidas: la amistad.

Morazanista por convicción, fue un ferviente unionista que dedicó tres largos años de su vida, con las luces de su ingenio y su tesonero trabajo, a consolidar la Organización de los Estados Centroamericanos (ODECA).

Fue un dinámico director del diario La Prensa de San Pedro Sula. Después sobresalió como un incisivo, fecundo y ameno escritor, como editorialista, columnista, crítico literario y poeta, incursionando con propiedad no solo en la prensa escrita, sino también en la televisiva y la radial.

Como un diplomático experimentado, que desempeñó los cargos de embajador en El Salvador, Nicaragua, México y España, además de la titularidad del Ministerio de Relaciones Exteriores, se esmeró en hacer prevalecer el sistema de méritos y experiencia diplomática para establecer en nuestro país la carrera diplomática formada con funcionarios capacitados. Quedaron sus enfoques en su estudio Nuestro servicio exterior: crítica y reestructuración.

Sufrió en vida el encierro, el exilio y la discriminación de carácter partidario, pero su gran espíritu se elevó a estratos superiores y expresó el perdón, que él calificó de "flor que perfuma corazones y ennoblece la mano de quien lo otorga".

Autor de muchas obras que hoy contribuyen al patrimonio cultural de Honduras, desde Vendimia, Jicaral, Cenizas, Achiote de la comarca, Hondón catracho, Habitante de la Osa, entre otras. Personalmente, en una amena peña literaria —a las cuales él era muy aficionado—, le escuché su interesante cuento El rey del tango, basado en la hipótesis de que el estelar cantante argentino, ídolo de toda América, Carlos Gardel, no había muerto, sino que había sobrevivido con su cara desfigurada por quemaduras presuntamente sucedidas en su accidente de Medellín, y con una máscara cubriendo sus cicatrices, cantaba en los arrabales de Bogotá.

Alabó la obra de José Martí (Poesía y muerte en el camino de Martí), así como la de Rubén Darío, al cual él admiraba en extremo (Vigencia universal de Darío). En un fascinante ensayo proyectó la valiosa contribución de Alfonso Guillén Zelaya en el neomodernismo literario de América. Pero sobre todo se esmeró en ensalzar a su coterráneo José Cecilio del Valle (Valle: Apóstol de América). Igualmente inmortalizó la excelsa obra poética de Juan Ramón Molina (Vida y pasión de Juan Ramón Molina), habiendo, en sus últimos años de existencia terrenal, trabajado arduamente en el levantamiento de la estatua que hoy luce en el parque La Libertad de Comayagüela. Ese monumento, personalmente, lo califico como un homenaje al mismo Cecilio Eliseo.

Como un hombre superdotado de talento, escogió para eterna compañera de su vida a una bella e inteligente mujer, nacida en su misma tierra cholutecana, María Teresa Arias, de una muy honorable familia del sur, dotada de muchas virtudes, amante del canto, en el cual ha sobresalido.

Cecilio Eliseo y María Teresa constituyen uno de los idilios amorosos más célebres de Honduras. De ese hogar tan admirable nacen hijos ejemplares, a los cuales ellos les dieron una formación profesional esmerada, y que en la actualidad son un aporte valiosísimo al acervo nacional. Sobre ese su gran amor de la vida, Cecilio Eliseo se expresa, en la última parte de su sentido Soneto a la mujer y la tierra: "La tierra y la mujer hacen la vida, estaba escrito en el celeste manto, Dios la bendiga porque me ama tanto, y me ha devuelto la canción perdida."

Los conceptos filosóficos que plasmó en su brillante escrito Testamento de un hombre común deberían ser divulgados por el Ministerio de Educación como una orientación a nuestra juventud: conceptos altamente espirituales que precisamente corresponden a un hombre extraordinario, fuera de serie, ciertamente no común.

En la fecha en que escribo estas líneas, cumple Cecilio Eliseo el primer aniversario de su desaparición física. No obstante, es cuando se principia a proyectar con más vigor su estatura inmortal.

Porque, como aseveraba José Martí, "quien en la vida ha hecho una buena obra no conoce la muerte". Cecilio Eliseo perdurará eternamente en el alma de Honduras, en cuyo templo ocupa una posición cimera. Así como perdurará dulcemente su recuerdo en quienes tuvimos el privilegio y gran honor de ser sus amigos. Lo único que ha sucedido es que él se ha integrado "al seno de la infinita armonía".

LOS PUNTOS Y COMAS DE DON ELISEO: Por JOSÉ MARÍA LEIVA LEIVA

El recién desaparecido don Eliseo Pérez Cadalso, los que tuvimos la dicha de conocerle le podemos recordar por sus múltiples virtudes y un sinnúmero de ejecutorias puestas en práctica en desiguales campos del actuar humano, llámese político, jurídico, periodístico, diplomático, literario o docente universitario.

De todo este vasto conjunto, nosotros hemos querido detenernos en su florido lenguaje escrito, lo rico y ameno de su conversación, más la amplia gama de anécdotas cargadas de fino y oportuno humor con que muy inteligentemente ilustraba cada clase o relato que ofrecía. Ese es, pues, el recuerdo alegre y siempre vivo que quisiéramos tener del querido maestro que nos ha precedido en ese viaje sin retorno.

Mejor aún, sus enseñanzas sobre el mundo de la diplomacia y el servicio exterior que plasmara con maestría en su obra Puntos y comas de la diplomacia, publicada en 1971, y que tanto nos ha servido para ilustrar nuestra clase impartida de Derecho Diplomático en la Facultad de Derecho de la Universidad Nacional, nos sirve, a propósito, cual piedra de toque para aprender deleitándonos una vez más con su cátedra harto ejemplificativa y una pluma brillante y privilegiada a la que tanto nos acostumbró con placentero entusiasmo.

Si no, véanse los siguientes ejercicios: sobre la falta de cursillos o primeras instrucciones acerca de vestuario, visitas, comidas y recepciones, la anécdota del citado libro corresponde a una reunión celebrada en el seno de la ONU en 1968:

"Entre esa abigarrada multitud había dos personas que ganaron justa fama en el triste liderazgo. Una muchacha europea muy parecida, por cierto, a las vírgenes de Murillo o Rafael, no tanto por su perfecta belleza, sino más bien porque solo de lejos podría contemplársele; y un delegado latinoamericano cuyos pies hedían en tal forma a animal muerto que ni los hippies de espesa fauna lo podrían soportar. Y como allí, en ese magno cónclave, los asientos están asignados a cada delegación por orden alfabético, ¡ay de los pobres vecinos de ese famoso sujeto, quienes a la hora de hacer su turno decían que a Dante le faltó imaginación cuando concibió las torturas de su infierno!".

Más adelante, al referirse a la mentira como ingrediente inseparable de la diplomacia, escribió:

"Cierta señora de pocas letras pero de muchos humos, que vivía hablando de sus viajes por el Lejano Oriente, la Costa Azul y otros lugares donde solo había estado en sueños con ayuda de las guías turísticas, relataba por enésima vez sus aventuras en el Mediterráneo, cuando le preguntó:

—Niña, ¿y no conociste allí el famoso Gibraltar?

—¡Claro que lo conocí... y hasta me invitó a cenar!".

Sobre la clasificación de los mentirosos, don Eliseo cita al tipo Don Juan, "en cuyos brazos han gemido de amor todas las féminas". El mentiroso héroe, "fatuo, arrogante y perdonavidas, que ha hecho morder el polvo a cien rivales en duelos tipo James Bond". El antihéroe, "casi siempre de pálida figura, en cuya vida se dan cita mil y un infortunios: juega a la ruleta, y pierde; se enamora, y lo desprecian; va a la guerra, y regresa en silla de ruedas; sale a cazar, y se lo come el tigre. Pobre".

Luego tenemos el mentiroso millonario, "quien solo habla de sus lujos orientales, de sus grandes inversiones y de gastos fabulosos. Con frecuencia se le oye mencionar a sus íntimos amigos Rockefeller, Onassis, Patiño, etc., en cuya compañía suele él pasarse sus vacaciones". Le sigue el sabelotodo, "ubicuo y omnisciente personaje que ha tenido la suerte de presenciar todos los sucesos, no importa que estos se hayan producido en distantes lugares a la vez o en diferentes épocas".

Y se termina con el mentiroso pintoresco, "sujeto este que, llevado por el prurito de divertir, se dedica a contar chistes, anécdotas y pasajes con sal, pimienta y vinagre tan hábilmente dosificados que el tipo se convierte en elemento necesario para alegrar reuniones".

Sobre desplantes de diplomáticos adictos al licor, don Eliseo relata:

"Un embajador allende la frontera, haciéndolas de Don Juan y bien pasado de copas en una fiesta de gala, se acercó a unas faldas muy vistosas y preguntó:

—¿Bailamos, preciosa dama?

—Muchas gracias, caballero, pero no lo acostumbro.

Y como él insistiera en su rogativa, la respuesta fue:

—¿No estás viendo, hijo, que soy el arzobispo?".

Enseguida, sobre discursos, declamaciones y chistes, dijo:

"De los tres puede afirmarse que constituyen expedientes muy valiosos si se manejan con acierto y oportunidad, pues de no ser así resultan mortalmente ridículos. Tal era el caso de una cotorrona ociosa, a la sazón acreditada en Bogotá con funciones de agregada cultural merced al nombramiento que en un instante de ligereza le extendiera el gobierno de su país.

Padecía de diarrea mental, y creyéndose la divina garza, desbarraba en plena vía pública con todas las ventajas de su impunidad. Tal vez por eso la llamaban Burrenia en lugar de Rubenia, que era su nombre de pila. Cierta vez, frente a las cataratas del Tequendama, la visitó el demonio de la inspiración y, en el arrebato de supremo éxtasis, declamó un antológico poema que comenzaba así:

'Majestuoso Tequendama, pasión de mi tío el Zorro.

¡Si así es de grande tu chorro, cómo será el de tu mamá!'.

Concluía don Eliseo que "tanto a los discursos como a las recitaciones y a los chistes se les debe aplicar la receta de la minifalda: ser lo suficientemente cortos para mantener el interés y lo suficientemente largos para cubrir las partes importantes".

A su amantísima esposa, doña María Teresa, a sus hijos, particularmente a los compañeros colegas del honorable Claustro Pleno de Profesores de nuestra antañona Escuela de Derecho, Guillermo Augusto y Juan Carlos, con respeto y cariño les decimos que a don Eliseo lo hemos perdido todos; lo ha perdido Honduras.

SEMBLANZA CULTURAL DE DON ELISEO PÉREZ CADALSO: Por MARÍA ELBA NIETO SEGOVIA

Eliseo Pérez Cadalso nació en la aldea Santa Teresa, jurisdicción de El Triunfo, departamento de Choluteca, el 22 de noviembre de 1920. Fue hijo natural de don Gustavo Cadalso Flores y de doña María Pérez Vega. Su niñez transcurrió tranquila en su lugar de origen, en la casa de su abuelo, don Carlos Alberto Cadalso, médico rural y pequeño agricultor originario de Cuba.

Los primeros años los vivió en su aldea, donde aprendió a leer y a escribir a los cinco años de edad, bajo el cuidado y la dedicación de su tía, la señorita Norma Cadalso, quien había detectado que su sobrino era muy inteligente y que no disimulaba sus deseos de aprender nuevas cosas.

En 1931, el niño Pérez Cadalso fue trasladado a Choluteca, lugar en que cursó su educación primaria en la Escuela República de México y la educación secundaria en el Instituto José Cecilio del Valle, hasta que se graduó de Maestro de Educación en 1940 y de Bachiller en Ciencias y Letras en 1941.

El recién graduado viajó a Tegucigalpa, lugar donde inició la carrera de Derecho en la Universidad Nacional, hasta que, en 1946, obtuvo el diploma de Licenciado en Jurisprudencia, Ciencias Políticas y Sociales y el título de Abogado, en noviembre de 1947. Posteriormente viaja a Bogotá, Colombia, becado por este país para doctorarse en Derecho Internacional.

En 1949, a su regreso de Colombia, salió electo diputado por el departamento de Choluteca, por un período de seis años; después fue reelecto para otro período. Posteriormente pasó a integrar el organismo asesor que se conoció como Consejo de Estado, bajo el gobierno de don Julio Lozano, que funcionó hasta octubre de 1956. Aun con esas obligaciones, el abogado Eliseo Pérez Cadalso no abandonó la cátedra de Derecho Internacional en la Universidad Nacional.

En 1957 viajó a El Salvador, en su condición de director de Relaciones Públicas de la Organización de Estados Centroamericanos, y posteriormente como director de Asuntos Educativos y Culturales de la misma institución, hasta 1958, año en el que el abogado Pérez Cadalso pidió asilo político en ese mismo país. En ese período ejerció el periodismo y la abogacía.

Para ese entonces, el abogado Pérez Cadalso se perfilaba ya como un valioso intelectual, como un hombre polifacético, amante de la cultura, de las artes y de las letras. Escribió poesía, prosa y ensayo. Se destacó como diplomático, periodista, jurista y como un gran educador.

En 1943 publicó su poemario Vendimia; en 1947 el libro de poemas Jicaral. Entre sus ensayos más famosos se conocen Guillén Zelaya en el Neomodernismo de América, Muerte en el camino de José Martí y Voces de bronce y poesía, escritos en 1954.

En ese mismo año el abogado Pérez Cadalso publicó un importante libro, cuyo contenido aún sigue vigente: Valle, Apóstol de América.

Escribió varios libros de cuentos: Cenizas (1955); Achiote de la comarca (1959); El rey del tango y otros cuentos, publicado en San Salvador en 1954, y Hondón catracho, que lo publicó en Tegucigalpa.

Su famoso libro Habitante de la Osa, vida y pasión de Juan Ramón Molina fue publicado en Tegucigalpa en 1966.

Otros libros que escribió el abogado Eliseo Pérez Cadalso son La dieta de Chinandega y sus proyecciones político-jurídicas (San Salvador, 1966); Nuestro servicio exterior: crítica y reestructuración (Tegucigalpa, 1966); posteriormente escribe Puntos y comas de la diplomacia.

En el ejercicio periodístico, el abogado Pérez Cadalso tuvo notorias aportaciones, por lo que también ocupó importantes posiciones:

Miembro fundador del Colegio de Periodistas de Honduras; presidente de la Asociación de Prensa Hondureña (APH); director del diario La Prensa, de San Pedro Sula; subdirector del diario El Día. Por varios años editorialista y columnista de El Día y también editorialista y columnista de El Heraldo, por más de una década. Desde esas tribunas luchó por las causas sociales.

En su calidad de diputado, y con el apoyo de otros colegas, el abogado Pérez Cadalso introdujo con buen éxito en la Asamblea Legislativa varios proyectos de ley sobre materias en ese tiempo desconocidas, como los derechos políticos de la mujer hondureña, la autonomía universitaria y las primeras leyes e instituciones de trabajo y seguridad social. También influyó para que se crearan los primeros premios nacionales de ciencias, arte y literatura, los que todavía se siguen entregando cada año por el Ministerio de Educación a ilustres hondureños. Estos premios llevan los nombres de José Cecilio del Valle, Pablo Zelaya Sierra y Ramón Rosa.

Como gran educador que fue, el abogado Pérez Cadalso empleó gran parte de su tiempo en la docencia universitaria; la ejerció dentro y fuera del país. Se distinguió como un maestro noble que amaba a sus alumnos y que los preparaba no solo para el ejercicio de su carrera profesional, sino también para la escuela de la vida. Fue, además, un excelente orador; en sus disertaciones magistrales arrancaba espontáneos aplausos de la concurrencia, porque su verbo fluía vibrante y ameno, y con gran profundidad, ya se tratara de temas jurídicos, literarios, académicos o humanísticos.

El abogado Eliseo Pérez Cadalso fue un gran panamericanista; su libro Valle, Apóstol de América expone con maestría el pensamiento de nuestro sabio Valle, afianzado en la doctrina de solidaridad continental y destacando su figura a la par de grandes pensadores como Bolívar, San Martín, Páez, Santander, Artigas, Hidalgo y otros que forjaron la nacionalidad y el panamericanismo.

Cada 22 de noviembre se encontraba al abogado Eliseo Pérez Cadalso disertando, emocionado, sobre las ideas panamericanas de nuestro ilustre sabio, ya en Choluteca, ya en la Mesa Redonda Panamericana de Tegucigalpa o en otras instituciones culturales donde su presencia y su talento eran requeridos para tal fin.

En la Academia Hondureña de la Lengua el abogado Pérez Cadalso fue un gran compañero y amigo. Fue socio de número, nuestro director por dos períodos consecutivos (1984 y 1992). Como director de la Academia, puso especial atención al cumplimiento del Art. 60 de la Constitución de la República y de los Estatutos vigentes de la Academia que dicen: "La función principal de la Academia

Hondureña de la Lengua es contribuir con el Estado en proteger la pureza del español e incrementar su enseñanza."

Parte de su labor académica como director fue la edición de la Revista de la Academia, disertar y escribir sobre temas culturales, literarios y lingüísticos; llevar la representación de la Academia ante foros nacionales e internacionales y otras tareas más que desempeñó con esfuerzo y responsabilidad. Con mucho orgullo, el abogado Pérez Cadalso ocupó el sillón que lleva el nombre de un ilustre académico fallecido, don Carlos Izaguirre.

Como estudioso que el abogado Eliseo Pérez Cadalso fue de la obra literaria del bardo hondureño Juan Ramón Molina, no es raro que uno de sus sueños haya sido, justamente, erigirle una estatua a este gran poeta. Si bien la idea la tuvo por varias décadas, fue hasta 1970 que, desde la Asociación de Prensa Hondureña (APH), se logró constituir un comité para concretar dicha meta. El 14 de diciembre de 1994 se develó solemnemente la efigie radiante de Juan Ramón Molina, ante la presencia de autoridades, un gran público y "Los catorce locos del Guanacaste", siendo uno de ellos el abogado Pérez Cadalso. La estatua engalana esplendorosa el parque La Libertad en Comayagüela.

A lo largo de su vida, don Eliseo rindió culto a la amistad. Consideraba que la amistad verdadera vale tanto o quizá más que un depósito bancario; con sus amigos fue leal, respetuoso y cordial, siempre pendiente de mandarles una nota, una tarjeta, una postal, un telegrama, acompañándolos en las buenas y en las malas circunstancias. Aunque fue un hombre serio, don Eliseo tuvo siempre la broma a flor de labio; ejercitaba el buen humor de palabra y por escrito, consciente de que la risa constituye una terapia inobjetable para lavar el espíritu de las preocupaciones y el dolor.

El abogado Pérez Cadalso amó entrañablemente a su esposa y a sus hijos. Para él, "la empresa más grande del hombre y de la mujer, en cualquier lugar y tiempo, es construir una familia; esto es un templo de amor auténtico, cuyas columnas centrales sean en todo momento la comprensión, la solidaridad, la comunicación y la convivencia armónica de todos sus componentes". Con doña María Teresa Arias —continúa diciéndonos— formaron una familia compacta, solidaria, armónica, lo cual fue para él motivo de satisfacción y orgullo.

El abogado Pérez Cadalso fue un devoto apasionado de los altos valores de la vida, tales como la justicia, la verdad, el amor y la belleza. Su aspiración más cara fue hallar un camino hacia la sabiduría, y lo encontró.

En diciembre de 1995, cuatro años antes de su muerte acaecida el 3 de febrero de 1999, escribió su Testamento de un hombre común, en el que plasma con franqueza y humildad lo que fue su vida de hombre y de intelectual; en él desnuda sus íntimos sentimientos y da mensajes de optimismo, fe y amor a su familia, a sus amigos y a su patria.

Honduras está en deuda con este ilustre compatriota; debemos inmortalizar su nombre como ejemplo para las generaciones presentes y futuras, por sus grandes dotes patrióticas y humanísticas y por su alta condición humana.

LA FOJA DIPLOMÁTICA DE ELISEO PÉREZ CADALSO: Por RAFAEL LEIVA VIVAS

Mi recuerdo de Eliseo Pérez Cadalso se remonta a los años cuando yo era un mozuelo fisgón. Mi conocimiento y admiración de él se transmitió por la radio, allá en tiempos en que a los diputados se les designaba por su inteligencia. Para esa fecha se abrió el debate sobre la reelección del presidente Juan Manuel Gálvez y Eliseo figuraba en el campo de los opuestos, por respeto a la Constitución. Su verbo tenía un tono encendido y convincente, y estaba llamado en mi conciencia a ser un personaje de mi simpatía.

Después ya lo vi correr en la gloria de la fama y el éxito, destacándose en ese lado de su vida profesional —la diplomacia— como un ardiente impulsor del Servicio Exterior de Honduras.

Su ingreso, por vocación, al terreno de la diplomacia se inició en 1948 en Bogotá, al emprender estudios de especialización en la Universidad Nacional de Colombia sobre Derecho Internacional y Ciencias Económicas. Esa fue también su prueba de fuego, porque, con ocasión de la celebración de la Novena Conferencia Internacional Americana, creadora de la Carta de la O.E.A., el joven Pérez Cadalso fue testigo y actor involuntario de la tragedia del 9 de abril de aquel año.

En esa fecha, la capital de Colombia fue incendiada y abatida por la furia de las pasiones políticas. "El Bogotazo", como ha sido llamado ese episodio, de alguna manera hizo tomar un nuevo giro a la Novena Conferencia. La causa inmediata fue la muerte trágica del jefe del Partido Liberal, doctor Jorge Eliécer Gaitán, asesinado en una de las calles de Bogotá. La vorágine de los acontecimientos provocó la anarquía y la delincuencia, causando trastornos al desarrollo de la Conferencia. Desde los hoteles donde se encontraban hospedadas las numerosas delegaciones del continente, se podía presenciar y temer la furia de las turbas desencadenadas, que incendiaban y destruían. El asalto del Capitolio, local donde se celebraba la Conferencia, culminó con la destrucción de los equipos de trabajo y algunas oficinas, como las de la República Dominicana, Estados Unidos de América, Chile y otras.

El boicot contra la reunión hemisférica fracasó, pues los delegados, en solidaridad con Colombia y por coraje, aun peligrando sus vidas, comenzaron a congregarse para darle un nuevo impulso a la Conferencia. Los jefes de delegaciones celebraron una primera reunión en la residencia del doctor Marco Antonio Batres, presidente de la delegación de Honduras, y asistido por Ramón Ernesto Cruz, Virgilio R. Gálvez y Eliseo Pérez Cadalso. A Honduras le correspondía, en el orden de precedencia establecido, presidir dicho cónclave, con lo cual se salvó el espíritu y el trabajo de aquel evento.

A partir de 1957 se produce un ininterrumpido ascenso en la vida diplomática de Pérez Cadalso, comenzando como jefe de Relaciones Públicas primero y director de Asuntos Culturales y Educativos después, de la Secretaría General de la Organización de los Estados Centroamericanos; delegado permanente, con rango de embajador, ante la misma organización en 1963; luego embajador de Honduras en El Salvador, Nicaragua, México, España y ministro de Relaciones Exteriores. Fue delegado de Honduras a diversas reuniones y conferencias especializadas de la Organización de las Naciones Unidas, de la Organización de los Estados Americanos y de los países centroamericanos. Ha sido catedrático de Derecho Internacional Público, Derecho Diplomático y Consular y de Tratados y Organismos Internacionales.

Su aporte como escritor a los temas de la diplomacia y las relaciones internacionales, además de artículos de prensa y conferencias, ha quedado registrado en dos obras precursoras en el estudio y concepción profesional de la diplomacia hondureña: Nuestro servicio exterior y Puntos y comas de la diplomacia, ambos publicados en Tegucigalpa en 1966 y 1971, respectivamente.

Estas dos obras son el producto de una tesonera ambición —casi terquedad— por insistir en la profesionalización del servicio exterior, a fin de crear en Honduras la carrera diplomática y consular, sobre la base del sistema de méritos y no del compadrazgo o el reparto político, como se ha hecho en la mayoría de veces.

Abogando por la creación de una Escuela de Diplomacia y Relaciones Internacionales, su preocupación se ha reflejado también en la necesidad de solucionar el angustioso problema de falta de adecuado presupuesto para el ramo de Relaciones Exteriores, siguiendo el informe elaborado por los embajadores Martín Agüero Vega y Jorge A. Coello.

Siendo ministro de Relaciones Exteriores, su preocupación por elevar el grado de organización de la Cancillería lo llevó a proponer a los miembros de la Junta Militar de Gobierno la aprobación de la Ley Orgánica de la Secretaría de Relaciones Exteriores, lo cual se realizó por Decreto No. 994 del 13 de septiembre de 1980.

Esta es, brevemente, la foja profesional en el campo diplomático de Eliseo Pérez Cadalso: un hondureño que ha inculcado en la juventud una dulce esperanza en hacer prevalecer los valores del hombre que ha saboreado las aventuras llenas de sinsabores de la diplomacia, pero que no se cansará de admitir que la grandeza de esa profesión, como diría Saint-Exupéry, podría ser, antes que todo, el arte de unir a los hombres.

LA NARRATIVA CRIOLLISTA DE ELISEO PÉREZ CADALSO: Por MANUEL SALINAS PAGOADA

Eliseo Pérez Cadalso publica en 1955 su primer libro de cuentos titulado Cenizas, en los talleres Tipográficos Nacionales e ilustrado por el artista Miguel Ángel Ruiz. Esta obra está estructurada por ocho cuentos, siendo los mejor caracterizados Chabelo, El Máusimo y El Tunco Crescencio. Además, este es su libro más conocido y estudiado, quizás porque es el que mejor resume e interpreta la esencia de la filosofía y de la estética criollista.

En 1957 edita su segundo libro, El achiote de la comarca, que recibió el segundo premio en el Certamen Nacional Permanente de Letras y Bellas Artes en la ciudad de Guatemala en 1958. Este texto contiene diez cuentos, entre los cuales se destaca El pozo de Malacate, incorporado en la Antología del cuento hondureño de Óscar Acosta y Roberto Sosa, Sufragio libre y El policía de la esquina. También en esta obra encontramos plasmados los postulados de la corriente criollista, y ocupa un lugar importantísimo en la narrativa nacional.

En 1964, Eliseo Pérez Cadalso escribió y publicó su tercer libro, El rey del tango, editado en Colombia, donde se aparta del criollismo para plantearnos una temática suramericana, cosmopolita, como lo demuestra en sus cuentos La catarata, Peces de colores y El rey del tango.

En 1974 publica su último libro de cuentos titulado Hondón catracho, con el cual recibe en la ciudad de Guatemala el segundo premio en la rama de literatura del Certamen Permanente Centroamericano "15 de septiembre" (en 1972). Esta obra, también inscrita en el movimiento criollista, resume los principales temas, personajes, ambientes y lenguaje ya tratados en sus libros anteriores.

Pero ¿cuáles son los elementos que definen y tipifican la estética criollista en la narrativa de Eliseo Pérez Cadalso? Al analizar sus cuentos, observamos que la mayoría de ellos tienen como marco espacial de sus historias narrativas el campo, la aldea, el caserío, la finca, la hacienda, el pueblo; son cuentos rurales que plantean fundamentalmente una temática agraria. Sus personajes son prototipos muy bien caracterizados social, cultural e ideológicamente, y en el texto conducen la historia central y alrededor de ellos giran las demás acciones narrativas. Es el caso, por ejemplo, de Chabelo, El Máusimo y El Tunco Crescencio en Cenizas; Rodolfo Brizuela, Juan Namasigüe y Calixto Matanza en El achiote de la comarca; y Calixto Peña, alias Cutachón, en Hondón catracho. Estos son personajes auténticos, humanos, tomados de la realidad y que representan la visión del mundo del hombre del campo, con sus esperanzas y frustraciones, con sus aspiraciones e ideales de redención; pero estos personajes también simbolizan una visión trágica de la vida. Fatídicamente son acorralados por el medio social y las fuerzas dominantes que los llevan inexorablemente a transgredir la ley por situaciones de supervivencia y a realizar actos de violencia irracional que los conducen a la autodestrucción, sin un hálito de salvación individual ni social.

Eliseo Pérez Cadalso también critica y plantea en sus textos una variedad de temas y problemas vinculados a la vida del hombre del campo, como por ejemplo el latifundio, la manipulación política, el abuso de poder de las autoridades locales, la corrupción política y administrativa, las guerras civiles partidistas, el machismo y el alcoholismo del campesino, la violencia oficial, el sistema penitenciario, la cultura y el analfabetismo. Por tanto, esta no es una simple literatura folclórica y colorista, como se ha querido afirmar, sino que es una literatura de denuncia, de crítica de los problemas sociales que secularmente ha padecido el campesino hondureño.

En cuanto al aspecto formal, Eliseo Pérez Cadalso maneja con gran habilidad el recurso de la oralidad y las estructuras lingüísticas, al colocar en boca de sus personajes un lenguaje coloquial apropiado, que define todo el andamiaje lingüístico de una región como es la zona sur del país, donde están ambientados la mayoría de sus cuentos, y demuestra el conocimiento exacto de la realidad coloquial de los personajes de los sectores rurales del país.

Pero uno de los aspectos claves que encontramos en la cuentística de Eliseo Pérez Cadalso es la configuración temática, así como el accionar de los personajes dentro de una serie de elementos de la cultura popular hondureña. Me refiero, por ejemplo, a las leyendas, tradiciones, refranes, anécdotas, costumbres, canciones, romerías, velorios, dichos, espantos y aparecimientos, que poco a poco vienen a definir y enriquecer los rasgos de una auténtica cultura nacional.

Finalmente, Eliseo Pérez Cadalso, a través de sus cuentos, logra exaltar lo telúrico, lo auténtico, lo nacional, logrando al mismo tiempo reivindicar la idiosincrasia y los valores del hombre del campo, del hombre de la tierra. Por eso consideramos que es necesario, a la luz de las nuevas investigaciones, realizar una revaloración de la narrativa criollista y de sus autores, como es el caso de Eliseo Pérez Cadalso, que es uno de los grandes escritores de nuestro país, que le ha dado gloria y lustre a las letras hondureñas y ocupa ya un sitial de honor en la literatura nacional; por lo cual urge reeditar su obra completa, analizarla y estudiarla con seriedad y responsabilidad, para profundizar en el conocimiento de las raíces de nuestros auténticos valores nacionales.

LA CUENTÍSTICA DE ELISEO PÉREZ CADALSO:
Por HELEN UMAÑA

Eliseo Pérez Cadalso (1920-1999) es autor de Cenizas (1955), Achiote de la comarca (1959), Hondón catracho (1974) y El rey del tango y otros relatos (1980), libros considerados criollistas en términos globales. Sin embargo, aunque existe una fuerte adscripción a esa línea de trabajo, en varios cuentos observamos apertura hacia formas narrativas que escapan a un encasillamiento absoluto en tal sentido.

CENIZAS

Cenizas está conformado por diez cuentos. La mayoría empalma con la estética del criollismo y con la que fue su intencionalidad básica: hacer de cada texto un documento vivo de los ingentes problemas del entorno. Y Pérez Cadalso no se equivoca en el diagnóstico: lo dice la temática de sus cuentos.

La prepotencia del jefe contra el maestro apocado y la adopción final de una postura digna por parte de este, en "Chabelo"; la presencia del hombre depravado, violador de su hijastra y castigado con la muerte por la madre de ella en "El Máusimo"; el servicio militar, el marido engañado, el homicidio de los amantes, la cárcel para aquel, su incorporación a un movimiento armado y su muerte a manos de la autoridad, en "El Tunco Crescencio"; los pactos con el demonio y las supersticiones populares en "El llanto de Barrabás"; la madre soltera y la muerte de su hija por falta de alimentos, en "El primer diente". Problemas del cotidiano vivir de las laceradas sociedades del istmo centroamericano.

El siguiente retrato permite colegir cuál es el mundo recreado por el autor:

"Jamás [Máusimo] conoció una escuela ni una iglesia. En cambio fue precoz en aprender a jugar chivos, beber guarocususa —especialmente por sabrosa y por barata— y engatusar mujeres para abandonarlas bien prenadas. También aprendió a manejar el machete, que devino su inseparable compañero. El machete era su único confidente. Le había mandado hacer un crucero reluciente y, en la punta de la cacha, una gasa de cuero terminada en un nudo pintoresco y caprichoso. Y para colmo de elegancia, la vaina, también de cuero, lucía lentejuelas de metal de un efecto impresionante[1].

Más interesantes —literariamente hablando— son los relatos en donde Pérez Cadalso rompe con el esquema realista. En "La Giralda", las casas se animizan y se vuelven humanas. Dotadas de vida propia, conversan, aman y odian hasta su destrucción en aras del progreso arquitectónico de la ciudad. El autor acierta al omitir toda explicación alegórica o didáctica. Puro juego imaginativo que conduce a una meditación sobre las falacias del progreso.[2]

En "Peces de colores" —quizá uno de sus mejores cuentos— el protagonista visualiza la vida animal en términos humanos y busca, con desesperación, a Wiri Wordra, una pecesita capaz de ejecutar fascinantes danzas y con la que, según dice, ha establecido una comunicación maravillosa. Creyendo que la ha encontrado, desde un gran farallón se precipita al mar:

"Al principio representó para mí solamente una curiosidad científica; pero a medida que se desarrollaba, iba manifestando sus prodigiosas aptitudes. En una tina de agua transparente, ejercitaba movimientos tan caprichosos, tan singulares no solamente entre ejemplares de su especie (...). Sabía danzar con maestría deslumbradora; daba besitos a flor de agua; se quedaba dormida allá en el fondo de su pequeño acuario; y al influjo de la música, interpretaba la cólera, el amor, la alegría...". (pp. 141-142).

Dejando la situación en el reino de la ambigüedad, el autor omite toda referencia a un estado de enajenación. El hecho —por la mención de una cierta parafernalia científica— se presenta con visos de realidad, y es el lector quien, poco a poco, terminará cayendo en la

---

[1] E. Pérez Cadalso. Cenizas, Tegucigalpa. Talleres Tipográficos Nacionales, 1955, p.50. Las páginas correspondientes a citas posteriores se indicarán después de estas.

[2] En "La Giralda", los vítores a la civilización, al Anticristo, a Strapinsky, a Marx y a Picasso poseen un carácter irónico. Son los supuestos dioses a los cuales rinde tributo la civilización, incapaz de impedir que el hambre y las guerras proliferen, tal como el mismo texto lo indica (p. 44).

cuenta de que el protagonista, probablemente, padece esa extraña locura. Como advertimos, el criollismo ha quedado atrás.

En "El llanto de Barrabás", este es un entregado, una persona que había sellado un pacto con el demonio, a quien, a cambio de dinero, entregaba almas. No obstante los aspectos de tipo tradicional relacionados con este tema, Pérez Cadalso incorpora elementos muy particulares: el extraño y humorístico desenlace, incongruente con la personalidad que se supone en Barrabás (este suelta en llanto al recibir un reto para luchar), y la insólita descripción de su vivienda, diferente al estereotipo de la morada del brujo. En este caso pensamos en una confirmación de la tesis de Alejo Carpentier sobre lo real maravilloso:

[había] una calavera sobre un pequeño piano de extrañísima factura; en la pared, un rótulo que decía Tabla de logaritmos para uso de las mariposas; y el patio sembrado de rosas azules... De perfectas rosas azules. (pp. 112-113).

Con relación al uso de regionalismos y expresiones populares (dichos o refranes), el lenguaje de Pérez Cadalso es bastante sobrio. En algunos momentos incorpora oraciones unimembres, propias para crear imágenes impresionistas: filigranas lingüísticas que trascienden al modernismo:

Estampa gris, puño de soledad que va anudando la melancolía. Contra el cristal de la ventana, furibunda, la lluvia clava sus dientes cristalinos. Silencio. El reloj, martillo de angustia, machaca el presente.

Romana —la cara mustia contra la vidriera— está mirando fijamente hacia la calle. Resignada, indiferente; con los ojos metidos en un hueco del tiempo.

Adentro, Mamá Chala pasconea los minutos con su tos intermitente. Mamá Chala: sombra de juventud, espejismo de aristocracia, jirón de fastuoso recuerdo...

Calladamente. Ojos fijos, suspensos en el viento de la muerte, quemando su ansiedad en el vacío. (p. 99).

En el cuento al cual pertenece el fragmento anterior ("Sombras de ceniza"), una voz que adopta la segunda persona del singular y que nunca se identifica (¿un amigo?, ¿la propia conciencia?) recrimina a Romana —cuyo nombre y tema recuerdan la novela del italiano

Alberto Moravia— por la vida disoluta que llevó. El diálogo omite las supuestas respuestas de aquella y solo se traza una línea de puntos con dos interrogaciones, una fórmula que se aleja bastante del realismo fotográfico buscado por los criollistas.

Por las razones anteriores, el trabajo de Eliseo Pérez Cadalso no puede ubicarse indiscriminadamente dentro de la corriente criollista. Con un predominio de esta última, su obra anuncia o incorpora elementos de mayor contemporaneidad. Con relación a la elaboración de los cuentos, de vez en cuando encontramos algunas digresiones[3] y explicaciones innecesarias que desbalancean el conjunto.[4] Asimismo, en dos cuentos advertimos cierta inadecuación entre la caracterización del personaje y la índole de su expresión.[5]

ACHIOTE DE LA COMARCA

Este libro consta de diez cuentos de sello criollista que señalizan inveterados problemas sociales. La explotación extrema del policía y el inhumano trato que recibe, tanto por parte de la institución militar como de la sociedad, en "El policía de la esquina"; la violencia que desencadena el alcohol y las consecuencias trágicas para el campesino quien, al carecer el país de un sistema judicial y penitenciario correcto y humano, ante el fantasma que para él representa la cárcel de Omoa, termina enajenado, en "Pozo de Malacate"; el personaje bueno para todo, contador de historias y protagonista de hiperbólicas aventuras, en "Sal y pimienta de Juan Namasigüe"; el marginado social, producto de la violación a una niña,

---

[3] Por ejemplo, en "Bimbo", cuando el niño muere, encontramos una reflexión sobre las diferencias entre los carros antiguos y los modernos (pp. 28-29), y en "El Tunco Crescencio" sobre el aguardiente (p. 79).

[4] En "El llanto de Barrabás" se dice que en un lugar había jocotes tras tras en el verano y seguidamente se aclara: "Ese tras tras es la onomatopeya del ruido que producen al morderlos." (p. 107).

[5] El Tunco Crescencio dice de sí mismo que apenas aprendió a garabatear su firma. Sin embargo, sus reflexiones son de este corte: "Esperé los minutos prudenciales para justificar en ella el cumplimiento de algún reclamo fisiológico" (palabras eufemísticas por defecar) "y cuando, pasado ese tiempo, no aparecía por ningún lado, comencé a buscarla. Ciego de ira, loco de celos, llevaba en mis retinas hórridas visiones sangrientas." (pp. 74, 76). Lenguaje evidentemente rebuscado.

en "Calixto Matanza"; las triquiñuelas para conservar el poder, el simulacro de elecciones democráticas y la represión contra los opositores al candidato oficial, en "Sufragio libre"; las prebendas al prisionero que sabe pagar favores, en "Criminales decentes"; el niño tamborilero, mordido por una serpiente cuando recogía miel para el cura, en "Miel de palo"; y la corrupción —con el tema colateral del adulterio— en las administraciones de rentas, en "El otro negocio".

Del hombre que ha sido capturado, se dice:

Hasta cierto lugar del trayecto recorrido él recordaba algunas cosas: hombres con fusil y bayoneta lo traían a empellones entre un ruido pavoroso de cadenas. Chirriaba con horridez aquel vasto recinto. Él caminaba con dificultad, mejor dicho, ya no caminaba: se arrastraba, y luego le hundían la bayoneta o le descargaban el culatazo...

¡Camina, pendejo![6]

Acertada creación de ambientes y captación sicológica del campesino son dos notas sobresalientes en Achiote de la comarca. Pérez Cadalso acerca el ámbito rural y elabora caracterizaciones convincentes. Juan Namasigüe y Calixto Matanza son dos personajes tipo. El primero de ascendencia que apunta hacia el pícaro de la literatura cuentacuentos, tejedor de historias que él protagoniza y poseedor de una sana actitud ante la vida. El segundo, sobreexplotado, producto de la violación de una niña, el bueno para todo de cuyos labios nunca sale una protesta.

Pérez Cadalso recoge una excelente muestra del habla popular, con el acertado aderezamiento de refranes cuando lo ocasión lo amerita (el que nace para tigre desde chiquito es pintado...) pero también con la habilidad suficiente como para alzarse a un lenguaje bastante depurado:

"Mientras el sol subía su voltaje, La Machorra, boca arriba sobre el césped, la vista proyectada bacia lo lejos y las manos sirviéndole

---

[6] E. Pérez Cadalso. Achiote de la comarca. Guatemala: Editorial José de Pineda Ibarra,1959,p. 33. Las páginas correspondientes a citas posteriores se indicarán después de éstas.

de cabecera, torturaba sus ojos con fiebre de distancia. Era algo así como un complejo de azul gitanería. Qué miraba con esas pupilas fijasen el vacío, retratando un ansia indescifrable? ¿Qué extraños atavismos presidian su destino?". (p.25).

HONDÓN CATRACHO

Veintiún cuentos conforman este libro[7]. Cuatro ya habían sido publicados en los libros anteriores. Y, de los diecisiete restantes, la tónica es similar a la de Achiote de la comarca: el autor recrea ambientes campesinos, con predilección por el retrato del hombre o la mujer de las áreas rurales, observados con una nota de simpatía que no impide reconocer la truhanería o marrullería de muchos de ellos.

La problemática y los temas tratados son amplios.

"Cutachón": por una vaca que invade terreno ajeno, dos compadres terminan su amistad; el afectado la mata y ambos se enfrascan en un duelo en el que dan pruebas de valor e hidalguía.

"Cicatriz, cicatriz… ¿Cuándo dejarás de supurar?": recordando crímenes cometidos a orillas del río Guasaule, el narrador, cuyo padre ha muerto cuando integraba una comisión de paz, aborda el tema de los conflictos limítrofes en tierras centroamericanas como fuente de ingresos para políticos que los provocan y sostienen.

"Sobreseimiento": la falta de un poder judicial efectivo hace que un jefe, general de montoneras, asesine frente al juez al supuesto culpable de la muerte de un oreja.

"Agua de piedra": emigración a la Costa Norte en busca de mejoras económicas.

"Coyol pirujo": la venganza del capador que emascula al violador de su hija.

"Bambino": el afecto por el hijastro quien, adolescente, muere jugando fútbol.

"Charada": creencias y anécdotas en torno a la lotería.

"Bazo blanco": la mujer, para quedarse con ricas herencias, envenena a sus tres maridos.

---

[7] En el índice solo figuran veinte cuentos.

"Chepín, el Kamarada": el hombre débil, dócil a los mandatos de su mujer, que al buscar la ayuda de una curandera para asegurar su fidelidad, termina siendo estafado.

"La prueba del tayacán": el hijo dicta una sentencia en contra de su padre y toma su lugar en el castigo.

"Diplomático": después del triunfo de una montonera, al repartir los cargos, se envía a un analfabeto como diplomático a Europa.

"La oración al pie del puro": una mujer domina a un hombre a quien esquilma y que, por su culpa, termina en la cárcel; este es salvado por la oportuna intervención del jefe policial, que encarcela a la mujer.

"Ifigenia": se erige la estatua de una vaca.

"Cazampulga": un hombre, al ser picado por una araña, prueba el remedio, le gusta, y se torna coprófago.

"Cosas de machos": para ilustrar lo que es el valor y el miedo, se cuenta del enfrentamiento entre un juez correcto y un bandido a quien, falsamente, se atribuye una muerte reciente; ambos terminan reconociendo la relativa verdad que los asiste.

"De lila tatuada flor": evidencia los sufrimientos y la ingenuidad de un niño ante su madre prostituta.

Ese es el hilo dominante de los cuentos. Su riqueza reside en la habilidad de Pérez Cadalso para tejer historias en donde no falta el humorismo y el dato picante con el cual se recoge mucho de la manera de ser del hombre de campo.

De "Coyol pirujo" y "Cazampulga", un fragmento:

"Dominaba todos los secretos del mundo testicular, que es harto complicado. Para el caso, capar chiclán exige técnica especial; capar en luna tierna es imprudencia porque el animal se desangra con toda seguridad. Y aun dentro de una misma clase hay diferencia de testículos, o coyoles, como decía el Capador, quien fuera de experto, había establecido la siguiente:

a) Coyol Tilinte, el difícil de localizar y duro de extirpar;

b) Coyol Chimbombo, el bien desarrollado y fácil de separar; y

c) Coyol Pirujo, el que, pequeño y deforme, carece de fuerza fecundatriz.[8]

—¡Cazampulga! ¡Ave María Purísima!
Y el miedo firmó un tratado de límites entre ella y los peregrinos.
La primera en reponerse fue la suegra:
—¡Délen kake, gente!
E ipso facto una doncella de la comitiva fue a hacer del cuerpo para suministrar la medicina. Miguel, desesperado, apuró varias dosis.
Santos Vides comenzó a reír sin mirarme. El movimiento de su cuerpo en arco denunciaba incontenible hilaridad.
—Pero eso no trae chiste...
—No, patrón, si el chiste es que el hombre quedó enviciado". (pp. 117-118).

EL REY DEL TANGO Y OTROS RELATOS

En El rey del tango y otros relatos, Eliseo Pérez Cadalso, además de "Peces de colores" y de "Pozo de Malacate", incluye seis cuentos más cuyo estilo es semejante al de Cenizas: oscilación entre el criollismo y enfoques literarios más avanzados, alejados del mimetismo realista.

En "Balas cruceadas" (con el tema del nahualismo), el hijo de un hombre asesinado da muerte al animal en el cual se encarna el victimario; para lograr su propósito ha usado balas marcadas con una cruz.

En "Camotillo" presenta un caso de envenenamiento; al final, todo fue una pesadilla del protagonista.

Los cuentos restantes se apartan de la línea criollista.

En "El rey del tango" —con un ligero esfuminado que aborda los límites de la literatura fantástica— el autor trabaja el mito de Carlos Gardel. Los problemas regionales se volatilizan y el enfoque es cosmopolita, abierto a panorámicas ofrecidas por las grandes ciudades colombianas.

---

[8] E. Pérez Cadalso, Hondón catracho, Guatemala: Dirección General de Cultura y Bellas Artes, 1974, p. 4. Las páginas correspondientes a citas posteriores se indicarán después de estas. Las mayúsculas son del autor.

A mi juicio, el excelente abordaje del tema se malogra por el exceso de referencias informativas con relación al tango. He aquí un fragmento:

Por la tarde recorría museos, iglesias, jardines y demás sitios de gran valor artístico o histórico, y es difícil mencionarlos todos, porque son pocas las ciudades como esta, donde el arte y la cultura han logrado amontonar tanto motivo, como que cada piedra, cada rincón, cada teja y cada flor tienen alientos del pasado y extrañas revelaciones al porvenir.

Las avenidas, ampliamente iluminadas, aunque ceñidas del atuendo civilizador, son siempre como la mujer de Lot: miran hacia atrás, sienten y piensan retrospectivamente, dando vía libre al recuerdo y la nostalgia[9].

En "También la Coco se ha ido" —con fuerte influjo de Juan Rulfo— el autor desarrolla un drama de amor y celos entre dos mujeres cuya voz llega desde regiones de ultratumba.

En "La catarata", la problemática se sitúa a nivel de la conciencia humana, llena de extrañas fantasías de amor y muerte, síntomas o efecto de trágicas formas de locura.

En "Dos guitarras", un gitano es juzgado por haber dado muerte a su esposa porque no era virgen el día de su boda. En este relato, la solución realista (la cadena o absolución del acusado) se elimina totalmente y el autor, sin explicaciones y contra la lógica del derecho —aspecto que resalta aún más ya que él era abogado—, deja que la música argumente a favor del acusado; hábilmente, queda en el aire la idea de la extraña fascinación de los gitanos.

CONCLUSIÓN

Encasillar a Eliseo Pérez Cadalso dentro del criollismo es reducir el alcance de su obra. Sin lugar a dudas, él sucumbió a la fuerza que emanaba de la narrativa de la tierra. La mayor parte de sus textos así lo indican. Sin embargo, también recogió inquietudes que ya encaminaban la narrativa hondureña hacia nuevos derroteros.

---

[9] E. Pérez Cadalso. El Rey del Tango y otros relatos., México: Costa Amic, 1980p.59.

ENTREVISTA CON EL ESCRITOR ELISEO PÉREZ CADALSO: Por MANUEL SALINAS PAGOADA

—**Abogado Eliseo Pérez Cadalso, ¿puede explicarnos cómo y cuándo se inició en el campo de la creación literaria?**

Eso ya hace sesenta años. Desde los diez empecé a sentir la comezón de hacer versos. Y, sin embargo, no fue sino hasta los quince cuando aparecieron mis primeros escarceos publicados en semanarios de mi pueblo, Choluteca, tales como La Voz del Sur, Hoy, La Columna y algún otro por ahí.

Y, como siempre necesitamos de alguien que nos dé el espaldarazo iniciatorio para creer en nosotros mismos, he ahí que fue el poeta Francisco Díaz Salorio —considerado en aquel entonces como el canario de la región— quien lanzó a los cuatro vientos la clarinada de mi presencia en escena.

—**¿A qué generación pertenece usted?**

Yo vine a Tegucigalpa en 1941, dispuesto a ingresar a la Universidad para convertirme en un profesional académico, lo que por fin conseguí tras haber superado duras pruebas.

Y fue justamente allí, en las aulas superiores, donde me encontré con una pléyade de jóvenes intelectuales con quienes luego habríamos de formar, quizá no una generación —porque eso es muy prestigioso—, pero sí un grupo macizo y coherente, con suficiente dosis de responsabilidad ante el reto de nuestro tiempo.

Entre ellos puedo citar a Virgilio Zelaya Rubí, Raúl Gilberto Tróchez, Renán Pérez Ramírez, el "Indio" Sánchez, Santos Juárez Fiallos, Jaime Fontana, Raúl Salgado Rubí, Julio Rodríguez Ayestas, Hernán Alcerro Castro, Santiago Flores Ochoa, Jorge Federico, Miguel R. Ortega, José Francisco Martínez y algunos más de esa estirpe.

Por encima de las diferencias de edad que mediaban entre algunos de nosotros, había un denominador común de acción y de pensamiento en función de los valores sustanciales de la vida.

—¿Cuáles han sido sus principales influencias literarias?

Mis influencias de aquel tiempo —que siguen siendo las mismas con algunas salvedades y limitaciones— fueron los clásicos españoles del Siglo de Oro, los modernistas hispanoamericanos y, en lo que toca a Honduras, unos pocos escritores tenidos ya como clásicos: Froylán Turcios, Juan Ramón Molina, Luis Andrés Zúñiga y Alfonso Guillén Zelaya.

Con posterioridad, y ya viviendo en Colombia, donde hacía mi posgrado, recibí las influencias bienhechoras de maestros como Neruda, Barba Jacob, Silva Valdés, López Velarde, González Martínez, César Vallejo y gente de esa constelación.

—¿Puede hablarnos un poco de su labor periodística?

Desde joven, casi niño, el olor a tinta fresca me ha perseguido de cerca. En Choluteca, siendo un mocoso de calzones cortos, publicaba gacetillas y comentarios pequeños en los periódicos ya nombrados, gracias a la amplia acogida que al efecto me brindaron sus editores y directores, los periodistas León Leiva, Amado R. Pinel y Rogelio Leiva, todos de grata memoria.

No está de más anotar que en algunos casos me tocaba repicar y andar la procesión; esto es, ayudar en el tiraje del periódico y después repartirlo entre los lectores y suscriptores de la antañona ciudad.

Eso quiere decir que primero aprendí a levantar tipo de imprenta en las cajas y chivaletes de una prensa de pedal.

Ya una vez en Tegucigalpa (1941), tuve un poco de suerte, porque recibí el beneplácito del escritor Alejandro Castro hijo, quien era jefe de redacción en el gran diario El Cronista y director, a la vez, de la revista Tegucigalpa. Él comenzó publicándome algunos versos y trabajitos en prosa, para confiarme después la lucha de comentarios y entrevistas con personajes de actualidad, nacionales y extranjeros.

Por cierto que uno de esos fue Cantinflas, en 1942, cuando este inmortal artista era un ilustre desconocido y vino aquí promoviendo su película Ahí está el detalle, por la cual subió a la fama con velocidad meteórica. También, de tarde en tarde, colaboraba en La Época, el diario nacionalista que dirigía el diputado don Fernando Zepeda Durón.

Algunos años después (1947-48), y ya estando en Bogotá haciendo mis estudios de posgrado, colaboré en diarios de gran prestigio, como El Tiempo, El Liberal y la revista literaria Sábado. Luego, al volver a Honduras en 1948, con un grupo de intelectuales fundamos el diario El Día, bajo la experta dirección del notable periodista doctor Julián López Pineda.

En esa oportunidad actué como jefe de redacción primero, y como subdirector después. También fui por ese tiempo corresponsal en Centroamérica de la revista Visión, que se editaba en Nueva York, y colaboraba además en revistas y diarios extranjeros.

Durante mi estancia en El Salvador (1957-63) escribí para tres diarios: La Prensa Gráfica, El Diario de Hoy y Diario Latino, los mejores en ese entonces en tierras de Cuscatlán.

En 1971 asumí la dirección ejecutiva de La Prensa, de San Pedro Sula, hasta 1973. Y actualmente colaboro en El Heraldo de esta ciudad capital.

—¿Cómo nació su primer libro de poesía Vendimia, publicado en 1943?

Vendimia es el típico poemario que aprisiona mis sueños juveniles. Y, justamente por eso, pensé primero en llamarle Brisas invernales.

Apareció en 1943, aquí en Tegucigalpa, y es de inequívoca filiación romántica.

—¿Cuál es el contenido temático y los recursos formales que usted emplea en su segundo libro Jicaral, publicado en 1947?

Mi poemario Jicaral, editado en Bogotá en 1947, acusa influencias neomodernistas de los poetas que ya mencioné y de otros abanderados del credo revisionista.

Afloja un poco el apretado corsé de los metros y la rima y le abre al verso nuevas ventanas de luz y viento, pero sin arriesgar mucho dentro del campo versolibrista.

—En 1955 usted publicó su primer libro de cuentos Cenizas, con el cual desarrolla y consolida el relato criollista en Honduras.

¿Puede explicarnos la temática, el tipo de lenguaje y los principales personajes que se definen en ese libro?

El caso de mi narrativa es bastante interesante, porque yo no nací en la capital, ni en ninguna cabecera y ni siquiera en un pueblo. Nací en una aldea humilde y, a la vuelta de los años, he podido darme cuenta de que mi centro de gravitación emocional, mi gran universidad, es ese pequeño monte.

Con materiales terrígenas trabajé mi primer libro Cenizas (1955), el cual recibió del público acogida generosa, aunque no tan favorable como la que tiene ahora.

—En su tercer libro El rey del tango y otros relatos (1964) observamos que, en algunos cuentos como La catarata, Peces de colores y El rey del tango, usted se aparta de la corriente criollista para abordar una temática cosmopolita. ¿Qué nos puede decir al respecto?

Al parecer, mis incursiones por las babeles de cemento y hierro que implica el cuento metropolitano no han tenido hasta el presente el éxito perseguido; y, en aras de ese convencimiento, volví los ojos a mi querido territorio aldeano.

He ahí la razón de mis otros libros: Achiote de la comarca y Hondón catracho, que resumen olor a barro nativo, a selva virgen, con algún toque de realismo mágico.

—¿Cómo valora su último libro de cuentos Hondón catracho (1974) con respecto a su obra narrativa anterior, al observar que usted se repite tanto literaria como temáticamente?

Hondón catracho es, en suma, la vuelta a los valores de la natal comarca, al entorno familiar, al principio de las cosas. Es el retorno a la sencillez original.

—Usted, en sus ensayos, ha estudiado y analizado el movimiento modernista latinoamericano. ¿Cuáles han sido los aportes de José Martí, Rubén Darío y Juan Ramón Molina a la estética modernista latinoamericana y hondureña?

La generación modernista, en cuyas filas militaron figuras como Darío, Lugones, Valencia, Silva, Herrera y Reissig, Chocano, Blanco

Fombona y otros de esa talla irrepetible, provocó en Hispanoamérica —primero— y luego en toda la Hispanidad, un despertar en las formas, en los ritmos y en las esencias del mensaje, que removió, desde muy hondo, el subsuelo de la poesía tradicional.

—¿Cómo juzga y valora el papel de Alfonso Guillén Zelaya en el movimiento posmodernista hondureño?

Alfonso Guillén Zelaya es, a mi juicio, no solamente el más genuino portaestandarte del neomodernismo hispanoamericano, sino también —en lo tocante a Honduras— el más recio conductor de esa escuela innovadora, donde aparecen también, con justo título, otros varios compatriotas como Rafael Heliodoro Valle, Martín Paz, Guillermo Bustillo Reina, Clementina Suárez, Manuel Escoto, Arturo Martínez Galindo, Medardo Mejía y algunos más que proclamaban su independencia de los viejos patrones modernistas.

—¿Podría explicarnos la posición de José Cecilio del Valle frente a la doctrina del panamericanismo?

José Cecilio del Valle es el más fuerte pensador que ha dado Centroamérica en toda su historia, antes y después de la independencia patria.

Su aporte doctrinario a la causa de la solidaridad continental es de veras portentoso y le ha hecho ganar un sitio de honor entre los grandes constructores de la americanidad.

El sistema interamericano tiene en él a uno de sus verdaderos apóstoles.

—¿Cuál ha sido su posición de escritor frente a la sociedad hondureña?

Mi posición como escritor frente a la sociedad hondureña ha sido siempre la de luchar por la conquista de nuestra identidad nacional y compactar a todos los hondureños de pensamiento creador, sean hombres o mujeres, en un bloque sin distinción de credos y banderías, ya que solamente unidos podemos enfrentar con éxito los retos del porvenir.

—¿Cómo observa actualmente el panorama cultural en Honduras?

El panorama cultural de Honduras me parece positivo, más por lo que de él se espera que por los frutos actuales.

Las nuevas generaciones, tanto de artistas como de escritores, poetas y, en general, gente de pensamiento, parecen estar encontrando su camino, y ese es un signo de esperanza.

—¿Cuáles son sus proyectos literarios futuros?

Respecto a mi obra futura, tengo material para varios libros sobre letras, política y derecho.

Como no publico libros desde hace más de una década, se me han ido acumulando los respectivos originales.

No obstante, espero lanzar a la luz pública por lo menos dos libros en este año.

LETRAS EN DUELO: Por JULIO ESCOTO

Dos extraordinarios amigos han dicho adiós para siempre

Dos extraordinarios amigos han dicho adiós para siempre, dejándonos con esa extraña sensación de no haberlos querido tanto, de no haberlos elogiado lo suficiente, cuando ya es muy tarde para rectificar.

Eliseo Pérez Cadalso y Manuel Salinas han partido todavía en edad productiva y cuando se suponía que la vida debía estar presta a tender a sus pies los gozos del reconocimiento y las glorias locales de la admiración sabida y permanente.

Sin embargo, el pesar de haberlos perdido no se extiende en el vacío, pues queda su obra plena y ambiciosa de humanidad, su búsqueda incansable y vital de ese fugaz hilo de plata evasivo que es la cultura de Honduras y que se nos pierde ocasionalmente en las canteras de la incomprensión, la ausencia de motivación y la abulia privada y oficial.

Con ellos, y con otros fieles de la identidad nuestra, conversamos alguna vez del oficio extraño que a algunos nos ha tocado desempeñar en esta particular etapa del siglo XX, cuando esa masa aún no sólidamente formada —esa viscosidad mercurial que es la personalidad del hondureño— parece comenzar a cuajar en iris, trazas y rasgos definitivos, para volverse a desmembrar súbitamente, dejándonos manoteados en la incógnita del vaticinio.

Un oficio tan profesional, este, como artístico, donde aún no podemos soltarnos abiertamente sujetos a las alas de la imaginación, sino con la obligación —la condición de forjadores de pensamiento, de alumbradores (por no decir de iluminadores, que sería inmodesto) del carácter nacional—, donde cierto compromiso ético —ya no ideológico, pues se le ha hecho pasar de moda— nos impele a bucear y registrar en los trasfondos meandrosos de la biografía patria para dilucidar cosas, replantear creencias y pareceres, o simplemente revelar aquello que pudiera servir de bastión de piedra miliar para asegurar nuestra ruta horizontalmente visionaria como pueblo.

Un oficio casi naturalmente gratuito, aceptado por todos como una obligación personal o como un entretenimiento, por otro lado inofensivo y colateral. Un mester aún no concebido por la colectividad como profesión de fe social, básica para su desarrollo, y por ende infamemente celebrada o pagada.

A veces, dialogando conmigo mismo sobre esa obsesión casi congénita que padezco —la de aclararme a mí mismo la personalidad de Juan Ramón Molina—, entiendo y le justifico sus depresiones y sus naufragios alcohólicos ante la desproporción del esfuerzo propio y la resonancia que se obtiene en la sociedad.

Ser escritor, artista, intelectual en Honduras continúa exigiendo un permanente tour de force individual, un, como decía Hemingway (ya citado otras veces), "amanecer revestido de una coraza a prueba de cieno para no desfallecer y derrumbarse", con la que se vive y se muere al día, calzada de la frente a los pies, indoblegable el ánimo para seguir adelante, para proseguir incluso bajo esa sensación cuasi cósmica que sobreviene a veces de que se ara en el mar.

Si hay una virtud entre sus muchas que recordaré de ambos fraternos compañeros de letras, es la de su inconmensurable optimismo y su fe.

Parece —como debió ser— que hubieran hecho de aquella célebre y terrible página de Rodó, La pampa de granito, un recóndito ideario; pues, a pesar de la rasposidad selenita del suelo en que escogieron cultivar, de la avaricia del medio para proporcionar las refrescantes aguas de la emulación, del ardiente sol cáustico con que quema a veces aquí la mirada de la comunidad y de los propios colegas, Eliseo y Manuel no vacilaron nunca en perfeccionar y rematar su obra.

Seguros, consciente o inconscientemente, de la pureza de la misión que habían emprendido, dondequiera que estuvieran, viajaran o durmieran, estaban siempre pensando y trabajando para Honduras: expurgando su historia o atalayando el porvenir, haciendo germinar y fructecer su literatura, catalizando las mejores ideas por el bienestar general, proponiendo, imaginando, inventando, haciendo del deseo positivo la fuerza superior para materializar una realidad.

Ambos serán además rememorados por la heroicidad diaria con que se enfrentaron a las dificultades locales, pues no recuerdo una sola vez en que a Salinas o Pérez Cadalso les haya faltado la sonrisa grata y esperanzadora en el rostro.

E incluso en los momentos más incómodos, aquellos en que las relaciones entre los artistas hondureños se convirtieron en una pústula discreta, o cuando la deformación de una izquierda a contrapelo los increpó injustamente por haberse sumado al servicio exterior, su seguridad de que no traicionaban ningún principio más bien los fortaleció.

Desde otras tierras continuaron lo que debió ser su búsqueda infinita: la del conocimiento, la del saber destinado a la gran aplicación educativa, robusteciendo con ello la ruta trazada y reafirmando su categoría de investigadores y creadores, de adelantados de una gnosis urgentemente requerida en un país que, aún dentro de su confusión, ignorancia y mezquindades, no pierde el sueño atávicamente engendrado de crecer y ser el mejor.

Es curioso, pero el ser humano nunca está preparado para recibir, como debe, naturalmente, a la muerte.

La desaparición física de aquellos a quienes queremos nos llena siempre de dolor o de una terrible incomprensión hacia el mecanismo lógico de las leyes naturales.

Pensamos, quizás secretamente, que somos eternos, o es simplemente una defensa de la psique para no angustiarnos prematuramente.

Pero cuando los amigos de una misma o cercana generación comienzan a izar las velas de las naves sin retorno, a embarcarse en esas prontas carabelas de rumbo a lo ignoto, no es el miedo lo que nos provoca a acelerar el paso.

Es más bien el deseo de profundizar en los cambios que ellos iniciaron, de enterrar aún más hondo el arado en la conciencia de la juventud, para que aquellos que dedican su voluntad y energía a las faenas del espíritu —aquellos que parecían llevar un haz en la frente, aquellos que, sin solicitárselo, estaban siempre pensando en nosotros con la más pura doctrina de la solidaridad— no partan con los brazos solos al más allá, sino que los lleven ahítos de homenajes y agradecimientos.

Y sobre todo, como es el caso de Eliseo y Manuel, que en ese fragmento maravilloso de universidad que es el ánima —y que, según las religiones, sobrevive al desprendernos de la materia— alguna luz de su aura brille en ellos como condecoración de nuestro emocionado recuerdo y de su viva presencia como ejemplo de lo mejor de la nacionalidad.

CIUDADANOS QUE RECORDAREMOS: Por OCTAVIO PINEDA ESPINOZA

Cuando estudiaba en la Facultad de Derecho de la Universidad Nacional Autónoma de Honduras, tuve la oportunidad de asistir a la cátedra del abogado Eliseo Pérez Cadalso.

Diré de inicio que sus clases, siempre amenas por sus anécdotas y chistes, me llenaron de gracia tanto como aproveché el conocimiento impartido sobre el Derecho Internacional Público.

Este ciudadano del foro hondureño, ameno escritor y distinguido miembro de varias organizaciones literarias y humanistas, nos deleitó por mucho tiempo con sus artículos en los diarios nacionales.

Y aunque no siempre compartimos sus posiciones políticas e ideológicas, le respetamos siempre por su condición de escritor prolífico, defensor de sus ideas, profesional y catedrático.

Ciertamente, su desaparición física deja un espacio en nuestra sociedad y en las aulas, donde fue conocido por su buen humor y su rigor al momento de calificar a sus alumnos, a los que siempre aconsejaba de modo que entendiéramos el alto valor de la profesión y la vocación que se debía tener ante la misma.

Otro ciudadano que nos ha dejado recientemente es el doctor Hernán Corrales Padilla, hombre probo, serio y deseoso de servir a su patria en cualquier trinchera en que la misma le necesitara.

Sus múltiples actividades, su participación en el foro académico, político y administrativo de la función pública también deja un legado a sus hijos y a todos los compatriotas que queremos aportar algo al proceso democrático y republicano de nuestro país.

Mis condolencias a Pablo, uno de sus hijos, a quien conocí en la secundaria mientras estudiaba en el Instituto San Francisco, así como a los otros miembros de su distinguida familia.

Igual pésame para los hijos del abogado Pérez Cadalso, que también se desempeñan en la cátedra, en la profesión y en la política, emulando los pasos de su padre.

Quiero aprovechar además la oportunidad para enfatizar que los hondureños debemos aprender a honrar a aquellos ciudadanos que han aportado a las distintas disciplinas del saber humano, cultural, político y académico de nuestra nación, hacerlo en forma sincera y —quizás— en vida de las personas que merecen distinción por sus esfuerzos en pro del mejoramiento de nuestra tierra en todos los ámbitos.

Por mi parte, solo me resta decir que a esos dos ciudadanos los recordaré mucho, y que allá, en la eterna dimensión del universo, espero encuentren el merecido descanso que el Creador otorga a sus hijos buenos.

ELISEO PÉREZ CADALSO COMO HOMBRE DE LETRAS: Por HERNÁN CÁRCAMO TERCERO

Por delegación que hizo en mi persona el poeta Óscar Acosta, director de la Academia Hondureña de la Lengua, quien por motivos insuperables no pudo estar presente en ese solemne acto de presentación de la obra intitulada Eliseo Pérez Cadalso, preparada por la distinguida escritora nacional Martha Luz Mejía, en mi carácter de vicedirector de la aludida Academia, trataré de hacer un breve análisis sobre el tema: "Eliseo Pérez Cadalso como hombre de letras."

Pérez Cadalso fue un exponente genuino de lo que significa ser hombre de letras.

Pues lo es todo aquel que, obedeciendo a mandatos ineluctables, siente en su interior la enorme necesidad de transmitir, por medio de las letras —en su doble manifestación de prosa y poesía—, lo que piensa y siente, y al dejar el cauce libre de esa necesidad, siente la enorme satisfacción de que con ello cumple con un mandato ineludible.

Esto me trae a la memoria, por hallar cierta similitud con lo que se trata, el pensamiento del filósofo español Juan David García Bacca, que dice:

"Inventar un tema vital, un tema para la vida por el que se llegue a morir de buena gana, es el invento supremo a que puede aspirar el hombre."

Pérez Cadalso halló en la literatura su tema vital, del cual nunca logró desprenderse sino hasta que concluyeron los días de su existencia terrenal.

La prosa y la poesía como creaciones estéticas de Pérez Cadalso fueron, como diría —si no estamos equivocados— Samaniego, "un panal de rica miel".

El humorismo, fruto difícil de sazonar, lo cultivó con éxito, aunque a veces resultaba agudo, mordaz y picante, pero jamás mentiroso, porque con ello satirizaba nuestras deficiencias y debilidades personales.

Al periodismo lo incluyó en su quehacer cotidiano, con tanta prudencia y capacidad que logró ser director de uno de los diarios más acreditados del país.

Fue ministro de Relaciones Exteriores y embajador de Honduras en varias naciones.

Sus experiencias en la diplomacia las tradujo en una especie de manual o cartilla para que quienes nos representaran en el exterior no cayeran en yerros que empobrecen la imagen de nuestro país.

Su coterráneo, el sabio don José Cecilio del Valle, fue su hombre modelo, al grado de inmortalizarlo escribiendo su biografía con estricto apego a la verdad histórica.

La cuentística que practicó, sin dejar de tener sabor nacionalista, tuvo un marcado carácter provinciano y, de este, una predilección hacia el ambiente rural, como si con ella enalteciera su origen aldeano.

Defendió con todas las armas de su intelecto nuestra integridad nacional; con igual fervor defendió la pureza de nuestro idioma castellano, en La Prensa, en La Tribuna y en la dirección —por un crecido número de años— de la Academia Hondureña de la Lengua.

Luchó para que figuras luminosas de nuestra historia patria —entre otras, Francisco Morazán, Juan Ramón Molina, Froylán Turcios y Rafael Heliodoro Valle— fueran inmortalizadas en el bronce y en el reconocimiento público nacional.

Fue por muchos años un modelo de catedrático universitario en la materia de Derecho Internacional Privado y Público.

Como legislador, promovió avances de mucha significación histórica para nuestro país, entre otros el reconocimiento del voto de la mujer y la creación de los Premios Nacionales de Ciencia, Arte y Literatura.

De las formas estéticas de expresar la belleza en forma de poesía, el soneto es la que tiene una expresión más restringida, pues solo lo forman catorce versos distribuidos en dos cuartetos y dos tercetos, y tiene que ser en este limitado número de versos que el poeta debe principiar y terminar una idea magistral.

Desde que me inicié en la lectura de la poesía, sentí una ferviente y dominante atracción hacia el soneto, preferencia que se ha mantenido no obstante el paso demoledor de los años.

Esa atracción la defino de la siguiente manera:

"El soneto es a la poesía lo que el bolero es a la música: lo mejor."

Quizás algunos intelectuales puedan calificarla de anticuada, pero tiene su encanto, siempre que haya laboriosos lectores que se empeñen en descubrirlos.

Por eso confieso la admiración preferencial por los sonetos que salieron de la excelente pluma de Pérez Cadalso, sin que ello signifique restarle los méritos intrínsecos de sus versos libres.

Decía Rubén Darío que la mejor musa es la de carne y hueso. ¡Santa verdad!, pues en la mujer concurre lo más hermoso y lo más sensible, para dar paso a la más sublime inspiración.

Eliseo, como poeta, tuvo también su musa de carne y hueso, pero con alma, como creo que todos lo sabemos.

No tengo temor en escribir el nombre de esa musa: María Teresa Arias de Pérez Cadalso.

Ella fue la acaparadora de los sentimientos más íntimos, primigenios, delicados y tiernos que, como novio primero y esposo después, le fueron dedicados por su amado Eliseo.

Leer las cartas y los versos que le dirigió es imaginarse el dulzor irrepetible del que solo podía disfrutar la novia y la esposa amada.

Pero ella, mujer inteligente, descubriendo en la mente de su esposo un caudal de futuras y grandes realizaciones, lo entusiasmó y lo inspiró para que dedicara su tiempo a sembrar, en otros eriales, árboles que surgieron más frondosos y de abundante y verde follaje, para que sirvieran a su país, al que tanto amaba, en destino de mayor provecho para la colectividad de Honduras.

Pérez Cadalso perteneció a esa selecta categoría de hombres dadivosos que reparten por doquier y en forma indiscriminada los mejores frutos de su cosecha, sin esperar nada a cambio.

Se sabe que el pan más sabroso es el que bondadosamente se comparte con los demás. Quienes guardan solo para sí un tesoro escondido son pobres avaros, o, dicho con palabras más contundentes, son enemigos solapados de la sociedad.

El arte del hombre de letras está en producir en el lector placer con su lectura, no solo por lo que se dice sino por la manera de decirlo.

Este nuestro predestinado hombre de letras, en cualquiera de las formas que adoptara su expresión estética, representaba una indeclinable invitación a saborear, con especial fruición, un banquete espiritual abundantemente surtido de exquisiteces.

EL ESTUDIO SOBRE VALLE DE ELISEO PÉREZ CADALASO: Por ROLDÁN DUARTE

En el libro "Valle, apóstol de América" (1954), escrito por el abogado y diplomático hondureño Eliseo Pérez Cadalso (1920-1999), el insigne prócer Centroamericano es calificado como "un espíritu ecuánime, excelso y generoso", cualidades envidiables para cualquier habitante de este valle de lágrimas.

Aun con los méritos de Valle, y al margen de su valiosa contribución a favor de los intelectuales latinoamericanos, hay quienes han pretendido demeritar su obra y su vida, entre los cuales destaca el mexicano Ramón López Jiménez, mediante su diatriba "José Cecilio del Valle: fouché de Centro América" (1968).

Guatemala se desquita ante El Salvador y sigue en la pelea por clasificar al Mundial United 2026

Considero que el verdadero carácter de un individuo se revela más nítidamente en los momentos difíciles y críticos que le toca vivir, ya que los mismos sirven para demostrar el material del que está hecho una persona. Por esta razón, me aventuro a exponer algunas situaciones especiales que vivió nuestro emérito compatriota, tomadas del opúsculo del jurisconsulto Pérez Cadalso.

Poco después de consumarse la anexión de Guatemala (Centroamérica) a México, nuestro combativo vecino El Salvador, que estaba en desacuerdo e incluso amenazó con la guerra a Guatemala, le "ofreció la jefatura política a Valle; pero éste rehusó enfrentar una guerra fratricida. Él, como padre de la Patria, no iba a convertirse en escorpión devorando a su propia criatura".

Sin que Valle lo gestionara, las provincias de Tegucigalpa y Chiquimula lo designaron como su diputado ante el Congreso de México, "al tiempo que le rogaban no declinar el mandato". Valle aceptó el reto, haciendo constar que para él no era fácil separarse de su familia, pero no podía desatender el llamado de su tierra: "Tú sola, Patria querida, tuviste poder bastante para desprenderme de ti misma; tú sola fuiste el objeto digno de mis sacrificios".

Estando ya en México, su defensa incuestionable por la independencia de Guatemala provocó que el 26 de agosto de 1822 lo metieran a la cárcel en el Convento de Santo Domingo, donde permaneció durante siete meses. Previo a esta penosa circunstancia, "algunos amigos le aconsejaron que huyera", pero Valle respondió diciendo: "Que se escondan los que son reos ante la ley; los que han cometido delitos y son positivamente criminales. Yo no conozco el crimen; yo soy hombre de bien; yo respeto la virtud y procuraré respetarla".

Como la vida tiene giros inesperados, el emperador Iturbide queriendo sacar provecho de sus múltiples capacidades, lo nombró secretario de Relaciones Exteriores del Imperio, cargo que rechazó en dos ocasiones, pero al final decidió aceptarlo, ya que comprendió que su elevado puesto podía constituir una buena tribuna para seguir trabajando a favor de la independencia de Guatemala, por lo que no tuvo empacho en dejar a un lado el ultraje al que había sido sometido al mantenerlo prisionero ni pretendió vengarse de sus acusadores.

Iturbide abdicó en marzo de 1823, facilitando que Valle retornara "a su antigua curul", desde la cual pronunció un "memorable y grandioso discurso, que fue el tiro de gracia para la Anexión". Allí Valle expresó que "ningún hombre es obligado a otro hombre, sino cuando el mismo ha querido obligarse".

TRES CUENTOS DE DON ELISEO

BALAS CRUCEADAS

Junto al camino real que conduce hacia Tierras Coloradas, la cruz del finado Casio ya solo asoma los hombros de puro sumergida en un túmulo de piedras, que crece indefinidamente por obra y gracia de la piedad cristiana, pues cada quien que pasa por allí se cree obligado a arrojar sobre el montón un guijarro más, en sufragio al alma del difunto. Y la cruz, con sus brazos extendidos, de más bien la idea de ser un náufrago que está pidiendo auxilio en medio de aquel mar de soledad.

A Casio lo mató Chombito Vargas, el terror del valle entero, cuyas víctimas son tantas que ya dan para hacer un cementerio.

El temible desalmado maneja con igual destreza la pistola, el puñal y el guarizama; y casos ha habido en que, esgrimiendo un simple caite, dominara por completo a un adversario armado de machete, picándolo a su sabor.

Porque lo cierto es que si bien él comenzó su carrera criminal forzado por las circunstancias, ahora mata por gusto, jactándose a pulmón pleno de cada nueva hazaña.

La gente, por temor, le dice Chombito, nunca Jerónimo o Chombo a secas; no vaya a ser que en una de esas tome a mal tanta confianza y ¡pum! Te manda de una vez donde San Pedro.

No hay duda de que el hombre se sabe «sus cositas». Dizque cierto brujo mexicano que vino huyendo del hambre allá por 1920, le enseñó las artes para volverse invisible. Y solo así se explica que cuando la autoridad lo persigue por alguna fechoría, él frescamente se convierte en cabeza de guineos, y cuando alguien trata de comerlos lo que muerde es el ruedo de sus pantalones. Total, que jamás lo han capturado porque se les hace jolote, perro, chancho, lechuza y hasta tronco de quebracho.

Pero aun con esos poderes sobrenaturales, Chombito no está contento. Y la arena en su zapato es Nicasio Santelí –más conocido como Casio– por ser el único que le ha sacado suertes a la mica de El Pedregal, serpiente de cuatro metros que tiene su cueva al pie de un espavel y que hasta hace poco solía pasearse por el vecindario haciendo de las suyas con animales domésticos, y especialmente con pollos y conejos tiernos, siendo doblemente peligrosa porque no solo pica sino que también cuerea.

La gente asegura que Casio pilló al reptil metiéndose en su agujero, y que de golpe le tapó la entrada. A los tres días levantó la piedra que le servía de loza, y la culebra salió como relámpago. Sembrado la cabeza contra tierra, comenzó a lanzar colazos mortales, teniendo su carcelero que defenderse con un garrote de apenas pie y miedo.

Después de combatir casi una hora, el bicho, fatigado, buscó de nuevo el escondrijo, y el hombre le cerró la salida hasta la próxima oportunidad. Y vinieron otro combate y otro encierro hasta que por fin un miércoles la mica, ya jadeante y extenuada, vomitó algo amarillento como el ámbar, que el vencedor se aprestó a recoger, echándolo en un jícaro sabanero que a propósito llevaba, y al punto, de rodillas, rezó seis avemarías: tres al derecho y otras tantas al revés.

De ahí arranca, pues, el encono de Chombito, quien al saber la noticia, «me quito el nombre si en un mes no le bebo la sangre a ese jodido», dijo, ya que siendo así las cosas, uno de los dos sobraba en la comarca.

Eso de eliminar a un adversario tal, tenía que ser obra de astucia, pues el otro no era chiches, máxime ahora que disponía de un amuleto. Por eso Chombo no lo dejaba ni a sol ni a sombra; lo atisbaba hasta en los mínimos pasos; y una tarde en que Casio se disponía a tomar un baño en la Poza del Hombre le cayó de soguilla, justo cuando ya estaba desnudo, desyugulándolo de una puñalada.

Mientras el cuerpo se debatía en estertores convulsivos, las aguas teñidas en púrpura caducaron el cielo de los peces. Cuando vino la Mayenca, su mujer, ya se había desangrado totalmente.

Con su llanto interior de piedra india, la hembra echó el cadáver en una batea de madera, y cargó con él rumbo a la rancha.

Identificar al hechor no fue empresa difícil, primero porque todos conocían al hombre del juramento homicida, y segundo, por la cagada, ya famosa, que el sujeto solía dejar junto a sus víctimas, dizque evitando que lo encontrara la escolta, pues creía a pie juntillas que en eso radicaba el secreto de volverse gaseoso e inasible.

Al velorio llegaron solo parientes y unos contados amigos, ya que los más se abstuvieron, temiendo las represalias del chaval, quien de seguro espiaba todos los movimientos.

El muerto estaba tendido sobre un tapexco de varas.

Un petate le servía de ataúd. Tenía los pantalones adrede desprovistos de cinturón, para evitar que a media noche el hechor, disfrazado de torva bestia negra, se lo llevara arrastrado sepa judas para dónde, como había hecho con otros en pasadas ocasiones.

Las mujeres, en un cuarto, le rezaban al Santísimo, con tablillas de miedo en las espaldas, nurabdi a cada instante hacia la puerta, no fuera a presentarles de golpe el sombrío personaje.

Solo Chema, hijo mayor del occiso –quince años labrados en pura caoba–, no bosticó palabra desde que supo la tragedia. Estuvo, sí, muy ocupado toda la tarde hasta el anochecer. Subió al tabanco y bajó la chuspa donde Casio guardaba sus materiales de cacería: un lingote de plomo para hacer balas; un cacho conteniendo pólvora; mezcal para hacer tacos; cuatro fulminantes, y varios fragmentos de cartón.

La escopeta colgaba del horcón; era de un solo tiro y se cargaba por la boca, con ayuda de la baqueta. Pero cada mechazo era un venado porque en él iban cinco proyectiles. El mismo Chema ya se había comido nada menos que tres cachudos y cinco tipiscuintles.

Esta vez, antes de cargar el arma, tomó las balas una por una –ya redondeada con un pedazo de hierro, alias martillo– y con el filo del machete les marcó una cruz, bañándolas luego con agua bendita.

–¡Solo con balas cruceadas se puede joder al Malo! –le dijo un día su tata, mientras le enseñaba las oraciones que él aprendiera de su padrino el mexicano.

Ya no quedaba sino esperar. Llegó la medianoche, y nada. Únicamente el silencio inquieto, que se revolvía por toda la casa.

Por fin, y antes de que cantaran los gallos, ¡eureka!, apareció la bestia, negra toda ella con la pechera blanca, parándose en sus dos patas a la orilla del barranco. Más que perro, parecía un oso enorme, con dos ascuas en los ojos. Mientras lanzaba ladridos casi inhumanos, un viento de muerte congelaba las gargantas. Todos temblaron. Todos menos Chema, quien, haciendo mampuesta contra el horcón, esperaba el momento más propicio. Y cuando el monstruo quiso avanzar, ¡booom!, sonó la descarga, haciéndolo rodar por el abismo.

Alumbrándose con hachones de ocote, los menos miedosos se acercaron al sitio de la escena, habiendo encontrado únicamente sobre las hojas secas un pespunte de sangre que moría en la quebrada. El animal iba, pues, pegado y seguía aguas abajo...

A la mañana siguiente, apareció Chombito flotando sobre la Poza del Hombre, el pecho condecorado por cinco perdigones, con un rostro cristiano, tan cristiano que las viejas rezadoras, estupefactas, reprimieron su comentario, limitándose a decir:

—¡Dios lo haiga perdonao, porque era malo el difunto!

Y se santiguaron, todavía con temor, por aquello de las dudas.

EL TUNCO CRESCENCIO

El hombre volvía a la casa, después de prolongada errancia, habiéndola hallado en ruinas. La horconadura pudriéndose, las tejas rotas en su mayoría y el abandono que se abultaba en los demás detalles. La puerta que daba a la intemperie, como no tenía hoja, estaba cerrada con unos bejucos entrelazados en el contramarco. Los animalitos que otrora deambulaban con primor brillaban ahora por su ausencia. Y el monte invadía por todas partes.

Crescencio no extrañó nada. Así esperaba encontrarla. Estaba ahora dispuesto a rehacer su vida, y la primera visita en el vecindario sería la Comadre Evarista, quien le tenía las cinco "chigüinas" que le dejara la finada...

Y de pie en la puerta, el hombro contra el horcón ruinoso, como empujándolo, se puso a recordar:

"Cuando nos casamos, yo tenía veinte años y ella diecisiete. Los dos sabíamos trabajar. Yo ganaba muy buenos reales en la siembra de maíz y plátanos, y ella se pasaba el santo día ocupada en los quehaceres de la casa. Éramos felices. Verdaderamente felices. Y esta felicidad se avivó más a los diez meses, con la llegada de la Florinda, que era requetechula. Después de la Florinda vinieron las otras, una por una, aunque yo siempre le pedía al Señor que me mandara 'chachos' para concluir de una vez. Pero Tata Dios siempre se hizo el sordo. Y... después de todo, tal vez era mejor así, dado que al pobre no le queda otra diversión que acostarse bien temprano, al calor de la mujer...

"Tenía mis animalitos y la tierra se mostraba más y más agradecida. Naranjas por aquí, aguacates por allá, zapotes en este lado, piñas en aquel otro, y jocota'es y limoneros por doquier. Las vacas daban leche suficiente. Los chanchos y las gallinas resolvían el problema diario. Y así las cosas, todo marchaba admirablemente... Hasta el día en que llegó el Auxiliar.

—¡De parte de la autoridá, que te presentés mañana a hacer plaza!

Y sin que yo pudiera decir palabra, salió precipitadamente. No quedó más camino: al día siguiente estaba en el pueblo, y allá me volé seis meses con el fusil al hombro.

"Lo que encontré a mi regreso es para no contarse: mi mujer, mi mujer legítima —porque me casé con ella por el Cabildo y por la Iglesia— vivía con otro, un nicaragüense que la sedujo, según supe después, por las malas artes que sabía. Como era natural, yo estaba ignorante de todo. Lo cierto es que la primera semana, lo único que logré advertir fue su manifiesta frialdad, pues sólo hay que imaginarse lo que importan seis meses de abstinencia sexual como los que me aguanté en el Cuartel. Yo soy un fiel cristiano, y el señor Cura, en el momento de rendir mi confesión previa a la boda, me amonestó de esta manera: 'Bueno, hijo, de ahora en adelante solamente con tu mujer puedes hacer eso...' Algunos compañeros de servicio militar salían de apuros masturbándose o encaramándose en sus semejantes, que gozaban haciendo de mujer, pero a mí siempre me pareció harto repugnante aquel asunto.

"Como la frialdad subsistía y ella continuaba remisa a mis caricias, me puse en observación. Cierta mañana pude notarla más nerviosa que de ordinario. Atizaba el fogón más de la cuenta; se quemó una mano en el comal mientras hacía las tortillas; regañaba a las cipotas y lanzaba miradas hacia el camino como si alguien viniera. Finalmente, tomó el cántaro y salió. —Voy por agua —dijo. Miré al tapexco de las ollas, y noté que estaban todas llenas, lo que daba a entender que el agua no era tan necesaria. Le seguí los pasos con la mayor cautela. Antes de llegar al pozo, hallé el cántaro vacío en la orilla del camino. Esperé los minutos prudenciales para justificar en ella el cumplimiento de algún reclamo fisiológico, y cuando, pasado ese tiempo, no aparecía por ningún lado, comencé a buscarla. Ciego de ira, loco de celos, llevaba en mis retinas hórridas visiones sangrientas. Silencio. Absoluto silencio. Silencio gelatinoso que podía cortarse con machete. Esperé, conteniendo los latidos del corazón. De repente, en un matorral cercano, percibí leves murmullos y allí encontré la tremenda escena. Al sentir mis pasos, él salió huyendo por aquellos montes. Comencé a perseguirlo, después de cortar de un tajo la cabeza a la traidora, y al cabo de media legua, el bandido no tuvo más camino que detenerse. Inmediatamente echó mano a su cutacha y allí me di cuenta de que sabía manejarla muy bien. Por algo era prófugo de la justicia nica. La mía era de crucero, y mi padre me la dio con sus enseñanzas de perro muy jugado, pues sabía esgrimirla con la derecha y con la izquierda. El crucero protege porque allí es donde se paran los cumazos que van contra la hoja, y porque la cruz es el signo de Dios nuestro Señor. Los aceros chocaban furiosamente, con un retintín de chispas. Era una escena espeluznante ésta, de dos bestias ebrias de rabia. Súbitamente y sin saber cómo, saltó mi machete por los aires, llevándose también mi mano derecha. El malvado se sorprendió tanto como yo, y en momentos de incertidumbre como aquél, triunfa el que tiene la justicia. Yo me repuse instantáneamente, mientras él dudaba entre atacarme o huir. ¿Piedad o temor? Lo cierto es que me abalancé de nuevo, sin que él sospechara que yo sabía tanto con la izquierda. La lucha fue esta vez más rápida y violenta. Dos veces el filo de mi acero se hundió en una masa hulosa y húmeda, como cuando se corta la mata de plátanos. Y allí se dobló para siempre, pagando con su vida la perfidia.

"Ya no supe más. Sufrí un vértigo y caí sin sentido. Desperté en la cárcel. La mano tunca me dolía como un infierno. Algunos días después, me llevaron arriado por cordillera hasta el Presidio de Choluteca. El primer día entre los reos fue fatal. Me hicieron toda clase de groserías y vejámenes. Era el ceremonial de estilo, tratándose de novatos. Y me bautizaron con el apodo que más me venía al pelo. Recuerdo que cuando me estaban rapando, quise entrar en riña con algunos reos, pero un viejo presidiario me advirtió:

—Más te conviene dejarte. Cuando uno dentra a la cárcel, los güevos quedan guindados en la puerta, y sólo se recogen al salir. Aquí no hay hombre.

"El proceso duró bastante, casi tres años, al cabo de los cuales vine a saber que me habían condenado a diez de presidio. Y sólo Dios sabe que yo no hice más que defender mi honor.

"Me fugué.

"Al regresar a esta aldea, una fuerte inquietud me corroía. No soportaba el pensamiento de que mis hijas vieran en mí al asesino de su madre. Me pasaba largas noches sin sueño. Y ya no iba a restaurar mi perdida tranquilidad. Amén de que el día menos pensado me echaría el guante la justicia.

"Y una mañana de mayo llegó a mi casa un señorón del pueblo. Y me habló más o menos así: —Mirá Tunco, yo sé que vos sos hombre de pelo en pecho—. Y sin que pudiera responderle, prosiguió: —Yo soy el General Toribio González y estoy preparando una revolución para botar al Gobierno, porque estos desgraciados jamás se acuerdan de ustedes los pobres. Ya verás cómo nosotros les vamos a dar reata a los soldados del Gobierno. Y lo primero que haremos es quemar los tribunales y poner jueces amigos, por si acaso...

"No tenía para qué escuchar más. Solamente me interesaban dos cosas: destruir los archivos donde estaba mi causa, y buscar una entretención, así fuera la misma guerra, para matar mi angustia. Después de varios meses de andar en el bochinche, el saldo a mi favor fue éste: mi proceso quemado, y mi mano izquierda —la mano que me había quedado— mochada cerca del codo por la gracia que me hizo un indio texíguat en el combate de 'Los Calpules'.

"Cuando el General González supo mi tragedia, me consoló con algunas palmaditas en el hombro, diciéndome: —No te aflijás, Chencho, que cuando ganemos te vamos a pedir un par de manos a los Estados Unidos.

"Efectivamente, ganamos, mejor dicho, ganó el General de marras, porque él sí se encabó muy bien en el Ministerio de la Guerra. Y cuando fui a suplicarle que me cumpliera la promesa, me vio con las patas, peor que si hubiera sido perro...

"Después supe que algunos de aquellos que pelearon a mi lado recibían del Gobierno pensiones y grados militares por sus grandes servicios a la Patria. Hasta un tal Napoleón Valiente —¡mal haya!— que era tunco igual que yo, recibió pisto y grado de coronel. Y éste era el más perverso y cobarde sujeto que haya yo visto en mi perra vida. Recuerdo que una vez, en el combate que se trabó en la Hacienda de 'El Hormiguero', fuimos atacados por sorpresa cuando nuestras fuerzas descansaban después de varios días de fatiga. Todos los hombres emparejaron, menos este lagartija, que al solo oír los primeros cuetazos, se metió debajo de una cama, y allí, del miedo, se zurró. Después del triunfo, el tal Napoleón Valiente —¡qué ironía!— fue el primero en pedir grado, y el jefe, que ya conocía el incidente, le dijo: —Pero cómo te atreves a pedir ascenso si te cagaste en el combate de El Hormiguero—. —Sí, mi General —contestó el desvergonzado—, es cierto, pero no fue de miedo sino de coraje...

Y consiguió lo que pedía. Así es la vida.

"Si yo me hubiera arrastrado ante el poderoso, si en vez de sangre me corriera horchata por las venas, si hubiese tenido más audacia y menos vergüenza, a estas horas contaría con fama, dinero y poder. Entonces, Crescencio López, este desgraciado Chencho, sería el General Don Crescencio López. Los investigadores llegarían hasta la raíz de mi genealogía, y al descubrir mi segundo apellido tenderían el puente de una y griega, y entonces quedaría: Crescencio López y López. De esta manera, yo, un tunco vulgar, arruinado por estúpido, sería hoy el héroe de cien batallas. Los serviles, doblando el espinazo, llegarían a compararme con los grandes capitanes de la Historia, los industriales de la Política auspiciarían mi figura de caudillo, los escritores de a dos por medio inventarían anécdotas a granel, haciendo resaltar mi hombría. Y así las cosas, el Tunco Crescencio López, que apenas aprendió a garabatear su firma, aparecería de repente ante las multitudes como el candidato a la Primera Magistratura de la Nación...

"Pero estoy divagando. Tanto he soñado desde los sangrientos días de mi primera pérdida. Lo más grave del caso es que, dormido, y aun despierto, mi fantasía crea escenas donde yo aparezco utilizando mis dos manos. Es una fiebre de ilusiones despedazadas. A veces me entra una aguda nostalgia de cosas que nunca tuve. Sueño, para el caso, que estoy punteando la guitarra; que estrangulo enemigos en la guerra o que estoy costurando toros después de caparlos. La crisis crece de punto cuando me duele el pulgar izquierdo, por ejemplo. Localizo perfectamente la sensación cuando me pica el meñique de la derecha, y en fin, es el infierno de una angustia loca que me corroe sin tregua.

"Y ahora vengo de la cárcel, nuevamente. Tres años y medio sin misericordia. ¿Y por qué? Pues por hacer cususa. ¿Y de qué otra cosa puede vivir un hombre como yo, sin manos y sin petate en qué caer muerto? Yo les serví de escalera a los que hoy están mandando. Y ahora ellos no me conocen...

Necesito vivir, y por eso seguiré haciendo cususa.

Fueron los bolos de la Semana Santa quienes, sin querer, lo denunciaron. Allá en la montaña ardían las cigarras como foquitos intermitentes: pespuntes tecnicolores en un silencio catedralicio.

—¡Chiquiriiin!

—¡Chiquiriiin!

Olía a flor de coyol. Era prohibido trabajar porque se ofende al Señor. Y prohibido bañarse, porque quien lo hace se convierte en pez, y prohibido amar... en fin, todo es prohibido en los días grandes, menos emborracharse.

El Tunco tenía su sacadera allá en el riñón de la sierra. Se llegaba hasta ella por una vereda muy difícil, a trechos sobre una inmensa roca y el resto siguiendo el curso de un arroyo, para evitar las huellas. El único indicio era un débil penacho de humo, mechón nervioso de cabellos grises, que asomaba por lo azul de la arboleda. El laboratorio era sencillo: una gran olla de barro —"la cabeza"— conteniendo maíz y panela fermentados: "el misto", y luego otra olla, bajo la cual había fuego; después, rudimentarios alambiques de carrizo natural, hasta llegar a un recipiente, donde caía la cususa calientita, palpitante, atomizada de cosquillas y ensoñaciones.

El negocio era redondo, con los materiales baratísimos y la mano de obra ídem. Era el trabajo ideal para Crescencio. La fama de su producto era un largo susurro por la aldea. Había que verlo desde buena mañana, cortando leña en el bosque, para lo cual se amarraba el machete en la tunca derecha, con la ayuda de sus hijas, ya mayorcitas. Y en el arte de envasar y trasegar, nadie le era más diestro. Aprisionaba el calabazo o la botella entre sus ñucos y quitaba y ponía con los dientes el tapón de hojas de plátano. A los pocos minutos, causaba alta el estado mayor de las botellas, listas para lanzarse al mercado...

"El Zopilote", apodaban al Inspector. Juan Calamares era su verdadero nombre. Desde chico fue despreciable por su cobardía y por su ferocidad. Sus compañeros de escuela lo habían bautizado así, reflejando lo que de él pensaban y sentían. Tan pronto aprendió a firmar, salió rumbo a Choluteca, donde ejerció de policía y de soldado, habiéndose acostumbrado a ganar el pisto fácil. Jamás aprendió a trabajar. Servil e intrigante, buscó manera de llegar hasta el nuevo Administrador de Rentas, y en tal forma evidenció la podredumbre de su alma, que al otro momento se le avivaron los ojos y pensó:

—¡Este es el hombre que necesito!

Las órdenes del nuevo representante del Fisco eran terminantes, por lo menos respecto de los contrabandistas de aguardiente, y una de las primeras capturas que el Zopilote realizaría era el Tunco Crescencio, cuya fama de hombre bragado cubría leguas a la redonda desde su duelo con el pinolero de marras.

El Inspector llegó con su resguardo, pero nadie le dio noticias en la aldea. Entonces comenzaron las amenazas y los castigos. Culatazos, latigazos con verga de toro, colgancinas y cosas por el estilo, entraron en el orden del día. El Zopilote capturó a los bolos de la Semana Santa y los apaleó a su antojo, pero el tormento más bien les atornillaba el secreto. Y sólo Rosendo, el más joven de todos, un niño casi, tuvo que aflojar prenda...

—¡Pendejo, tapas flojas! —le dijeron los otros.

—¿Y ustedes creen que es chiche que lo cuelguen a uno de aquí? Y señaló la parte.

El muchacho tenía razón. Ellos habrían hecho lo mismo. Por eso se callaron.

El Tunco se dejó cazar sin resistencia. Era inútil toda oposición. Y no obstante su pasividad, las culatas fiscales apenas lo dejaron con vida.

La entrada a la ciudad fue todo un espectáculo. Crescencio López iba arrojando espuma, muerto de sed, lívido por el cansancio y la hemorragia. El Zopilote y los soldados amontonaban la curiosidad en las esquinas, y se regodeaban como héroes con la captura "de aquel criminal peligrosísimo que de bravo hasta arrojaba espuma como los perros rabiosos..."

Ni para qué decirlo. El Zopilote, con aquella hazaña, ganó la confianza de su Jefe, quien, entre otras recompensas, ordenó a los soldados que dieran al Inspector el tratamiento de "Capitán". Pero el Administrador iba muy a la zaga de las ambiciones que bullían en la mente de su nuevo subalterno, pues este, en los corrillos ensortijados de preguntas, solía referir detalles de esta guisa:

—Habíamos entrado a la montaña. Seguíamos un caminito cuesta arriba, cuando de repente se nos perdió la pista. Luego, un grito de mi oficial: ¡Coronel! ¡Por aquí va, mi Coronel! Y a los pocos minutos: ¡Coronel Calamares, aquí está la sacadera! El Tunco se resistió. Al principio quiso huir, pero viéndose perdido, agarró dos piedras y me las tiró... Aquí tengo, por cierto, el golpe de una turunca. ¡Después luchamos cuerpo a cuerpo hasta hacerle saber quién es el Coronel Calamares...!

Y así contaba su historia. Algunos lo interrogaban tan sólo por hacerlo desbarrar. En su sarta de mentiras él ya se designaba Coronel. Y en cuanto a las piedras... ¿Con qué manos podía el Tunco recogerlas?...

El Administrador era muy severo. Especialmente con los humildes. Gozaba ultrajándolos. La cárcel estaba llena de ellos. Y todo, porque no podían darle plata.

En cambio, don Ceferino Lobo, hombre de negocios, influyente y rico, cruzaba la frontera con enormes partidas de ganado, y el rectilíneo funcionario, al saber que entraría al territorio una fuerte cantidad de reses con procedencia de Nicaragua, al punto ordenaba a sus Inspectores "trasladarse sobre la marcha a Pespire para perseguir un contrabando que, según informes fidedignos, acaba de entrar por la frontera de El Salvador..." Total: que los perseguidores tenían que brillar por su ausencia, puesto que se trataba de un pez gordo... Y no era para menos, pues el señor Administrador recibía cinco lempiras por cabeza.

Lo propio acontecía con algunos monopolios del Estado, el aguardiente, por ejemplo. Era de lato conocimiento que algunos contratistas, en vez de entregar a las bodegas fiscales todo el guaro producido para su redistribución, vendían fuertes cantidades directamente a los consumidores, obteniendo un trescientos por ciento de ganancia líquida, y causando considerables pérdidas al Erario Nacional. Y el Administrador, que en tales casos era sordo y ciego, también recibía su jugosa tajada...

Con los estancos sucedía otro tanto. Las pobres vendedoras al detalle maldecían su mísero destino cada vez que entregaban al voraz funcionario su parte de ganancias. Y en cuanto a los artículos caídos en comiso, los soldados impedían la postura de cualquier particular para que solamente se presentaran en la subasta los agentes clandestinos del señor Administrador.

Tan irritantes se habían vuelto las maniobras del famoso funcionario, que ya los comentarios colmaban los paseos, inundaban las barberías y las boticas, saturaban el mercado... en fin. El mismo Zopilote ya no estaba muy contento, y al emborracharse le salían expresiones como esta:

—El Jefe está mamando a muchas tetas y a yo solo me da una babosada.

Y luego añadía, en tono amenazador:

—¡Hum! ¡Pero ya van a ver...!

El Zopilote cayó en desgracia por esas fanfarronadas. Sin el propósito de retirarlo definitivamente, el Administrador lo había suspendido para probarle "algo de lo que puede pasarle si sigue hablando pendejadas".

—Para muestra basta un botón...

Y el Jefe mascaba estas palabras, como si se tratara de su magaya inseparable.

Menos de dos meses habían transcurrido, cuando Calamares estaba arrastrándose a los pies de su "protector". Llenó de promesas la expectativa del jerarca, hasta inflarla como un globo. El Inspector volvía en una época propicia.

—Más vale llegar a tiempo... —pensaba el otro.

El clamor popular contra el personero del Fisco era ya incontenible. Precisaba distraer ese clamor con una hábil maniobra, con una captura sensacional: la de Crescencio, por ejemplo, quien ya estaba de nuevo en libertad.

La aldea tembló de pánico. Los tormentos y vejámenes entraron de nuevo en juego. El Zopilote actuaba con lujo de ferocidad, porque "la cuña para que apriete debe ser del mismo palo...".

Al Tunco se le tenía en la comarca como un héroe popular, y una mezcla de cariño, piedad y admiración se conjugaba alrededor de él. Así los colgaran de, salva sea la parte, los vecinos jamás iban a denunciarlo. El Tuerto Macario, quien sufrió pruebas "más arrechas que parir un hijo", dio a los soldados una pista equivocada para quitárselos de encima. Pero al regreso —¡Dios mío!— cayeron sobre él en forma despiadada. Le dieron una paliza monstruosa, que fue su tarjeta de entrada al cementerio.

Después de dos semanas de constante acecho, los chacales del Gobierno cogieron una buena pista: una hilaza de humo, allá muy lejos, en la montaña de "Los Coyotes". Guiados por ella comenzaron a subir, y al poco andar hallaron un pedazo de olla, oloroso a fermento. Luego, llegaron a una quebrada y caminaron aguas arriba, venciendo numerosos obstáculos naturales. Ya iban bastante cerca, cuando las urracas escandalizaron y Crescencio pudo huir. En la cususera solamente quedaban las hijas que solían ayudarle.

—¿Dónde está el puñetero de tu papá? —rugió el Zopilote.

—¡Quién sabe! Él ya no vive en el lugar...

—Ajá, ¿con que no? ¡Pues ya van a ver ustedes quién soy yo! ¡Amárrenlas! —ordenó a sus hombres, señalando un árbol.

Incontinenti se fue al fogón, sacó un tizón, les alzó las faldas y las quemó a su sabor.

Pero no sacó palabra.

Desconcertado por el estoicismo de las hembras, lívido de rabia, ordenó:

—Adelante, muchachos, hasta hallarlo. Y ya saben: vivo o muerto...

La búsqueda fue angustiosa. Los más feroces lobos jamás persiguieron a ciervo alguno con tanta saña. Crescencio estaba dispuesto a no entregarse. Primero muerto. Les llevaba respetable trecho a sus perseguidores, pero estos, después de varias horas de husmear aquí y allá, localizaron algunas huellas, que fueron confirmadas por las urracas chismosas. Los pasos iban cada vez más frescos, especialmente en cierta tierra húmeda de la región, porque él buscaba ganar cuanto antes la guardarraya con Nicaragua. Aunque Crescencio conocía mejor la selva, se dio cuenta de que cada minuto avanzaba menos, en tanto que los soldados con sus machetes abrían el camino sin mayor dificultad.

En el ínterin nervioso de una escapada, pensó que lo mejor sería alcanzar lo claro. Por las serranías correría menos peor de como lo hacía, él que era algo así como un polluelo implume, incapaz de apoyarse en ningún soporte.

Después de su tunquera, había logrado adquirir dominio en algunas actividades, pero no en la de correr. Aprovechando el momentáneo despiste de sus atacantes, Crescencio viró hacia la derecha, para entrar en un arrozal que estaba por allí en un descuaje del monte. Ya penetrando en él, daba la sensación de ser viajero de aquel verde océano, llevando sobre su barco un nimbo de pajarillos asustados.

Cruzó por fin el arrozal, pero ahora se hallaba ante lo peor: una extensión de terreno quemado, donde, si bien podía correr a todo vapor, ofrecería a sus cazadores un blanco de primera. No obstante, la suerte estaba echada. ¡Primero muerto!

Mirando a todos lados, con ojos inmensamente abiertos, se detuvo un segundo, vacilante, y decidió, por fin, lanzarse. Corrió desesperadamente. De súbito, zumbó por sus oídos un disparo de Remington, luego otro, y otro...

Eran los muchachos del Gobierno que ensayaban frescamente su puntería desde la otra orilla del arrozal. Crescencio sintió en la espalda un golpe extraño, ni fuerte ni suave: extraño nada más. Quiso seguir corriendo, pero no pudo. Alzó sus brazos en cruz —alas truncas que sueñan horizontes de justicia— recortando su broncínea silueta en la perspectiva del atardecer, y cayó de bruces con arcadas de sangre por la boca. Allí, en íntimo abrazo con la tierra, se entregó a ella con trémulos clamores de agonía.

El Inspector llegó hasta el cadáver, le dio dos puntapiés y luego dijo:

—Ya está bien muerto este jodido. Pero, por las dudas, regístrenlo. Es muy peligroso.

Tres días después, cuando los zopilotes celebraban su festín con los despojos de Crescencio, el Administrador recibía el siguiente mensaje:

"He tomado nota de su telegrama N.º 28, informando que el Oficial Juan Calamares fue atacado por el facineroso Crescencio López (a) 'El Tunco', quien pagó con su vida tan criminal atentado. El Gobierno que presido felicita a usted muy cordialmente por el celo desplegado en pro del bienestar general y del buen nombre de la República. —Afmo.— Toribio González."

Al Administrador le fosforecían de gozo las pupilas. Paseándose nerviosamente por el Despacho, llamó a los soldados:

—Ahora el Inspector es Coronel. Óiganlo bien: el Coronel Calamares. ¿Entendieron?

—Como usté mande, Jefe.

Y el funcionario quedó rumiando para sus adentros: ¡Coronel Calamares!... ¡Coronel Calamares!... ¡El Zopilote sos, y de allí no pasarás!

Y, en testimonio de desprecio, lanzó un escupitajo color de chocolate.

POZO DE MALACATE

A decir verdad, él no se explicaba cómo había caído en aquel sitio. Era la sima de un pozo de malacate sin más agua que un fango putrefacto, condecorado de calaveras y atestado de gusanos.

He allí el más bajo reducto de la podredumbre, donde, sin duda alguna, las brujas en la alta noche se alimentaban. Y lo peor es que aquella oscuridad cerraba toda vista, pues el brocal, el lejano brocal se proyectaba allá encima de un círculo de hierro.

Hasta cierto lugar del trayecto recorrido él recordaba algunas cosas: hombres con fusil y bayonetas lo traían a empellones entre un ruido pavoroso de cadenas. Chirriaba con horridez aquel vasto recinto. Él caminaba con dificultad, mejor dicho, ya no caminaba: se arrastraba, y luego le hundían la bayoneta o le descargaban el culatazo:

—¡Caminá, pendejo!

Pero después ya no oyó nada.

Y ahora despertaba aquí, en un tiempo que bien podía ser la novia aurora o la suegra medianoche. Sentía una sed del infierno y un dolor de toneladas lo aplanaba contra el piso. Náuseas. Terror. Una como neblina le subía y le bajaba con asfixiante vapor mefítico cual si fuera polvo de odio, de misterio y de muerte.

Seguramente él venía de la muerte, y aún estaba en ella. Se asomaba a esta orilla por momentos, para volver a la otra definitivamente. Y como para torturarlo más, en el fondo de aquel pozo lo único que entre culatazos y puyones le abría una agujita de recuerdo, era la idea del Castillo de Omoa. Esta noción, pese a que le incidía muy resbaladizamente, le hizo temblar, pues ella arrastraba otras nociones de horror y de tormento.

Se le vinieron a la memoria algunas cosas feas que había escuchado tiempo atrás allá en su aldea, cuando Nor Cipriano, a la luz de un hachón de ocote, convocaba la curiosidad de los comuneros con relatos que sólo él conocía...

"Una vez —decía el viejo— hubo un Comandante español en el Puerto de Omoa que, según cuentan, tenía sospechas de su esposa y se puso a vigilarla. Cierta noche hizo el mate que salía a combatir unos piratas, pero volvió cuando menos lo esperaba su infiel. Con las pruebas del adulterio, la mandó encerrar junto con el amante en una pieza del Castillo, tapando con cal y canto la única puerta. Como las paredes tienen tres varas de espesor, allí se pudrieron. Y dicen que por la noche se oyen lamentos que hacen temblar al más hombrecito...".

Y se fueron viniendo otras visiones fantasmagóricas en pavoroso desfile. Un sudor frío le perlaba la frente y contracciones espasmódicas le estaban enloqueciendo....

Oía clamores desesperantes Dios sabe en qué reconditeces del Castillo; sentía olor a sangre y a pus; le trastornaba el ruido de los gusanos que arrastraban su ruindad por las bóvedas ululantes. Presenciaba una danza de esqueletos que pasaban frente a él con risotadas hórridas, gelatinándole los huesos de puro miedo. Escuchaba los gritos de las víctimas bajo el azote de los guardias. Y unas voces que se acercaban a decirle:

—¡Ya te va a llegar tu turno!

¿Mi turno? ¿Y es que queda todavía algo peor que esto?

Y su respuesta se perdía formando ondas concéntricas en la hueca soledad.

Sabía que de mil prisioneros allí fosilizados saldrían vivos unos tres cuando más, pues los que no morían de hambre sucumbían bajo el rigor del látigo, o bien los carcomía la tuberculosis o los devoraban las ratas. Y los que intentaban fugarse, si no se despanzurraban al solo saltar la tapia, caían en tembladeros, hundiéndose para alimento de las serpientes que habitan aquella miasma...

—¿Mi turno? ¿Y qué cosa peor pueden hacer conmigo?

Recordaba el suplicio de la gota de agua: colocan a la víctima en una celda tan estrecha que solamente cabe una persona de pie, con los brazos pegados al cuerpo, sin movimiento de ninguna clase, mientras una gota de agua desde una altura de treinta metros le cae sobre la cabeza con intermitencia de segundos. Al principio la cosa es suave, suavísima. Pero transcurridas algunas horas el ¡claj! ¡claj! de la gota aumenta hasta volverse tan fuerte como el derrumbe de una montaña, y el prisionero enloquece. ¡Nadie aguanta!

Los ruidos continuaban, mientras el miedo y el frío consumaban su obra. Unas figuras encapuchadas y fosforescentes circulaban en forma misteriosa a su alrededor, con aspecto de demonios, de serpientes, de murciélagos, en fin. Un temblor calenturiento lo iba arrinconando como chicle a la pared. Pero las amenazas se volvían más aterradoras. Y lo peor del caso es que no podía ver. Ni correr. Ni moverse siquiera. De repente sintió que una cosa helada y larga se le enrollaba en el cuello y entonces lanzó un aullido, barrenando las tinieblas.

¡No...! ¡Nooooo!

Allí cesó la tenebrosa pesadilla. Estaba en su tarima de la celda N.º 11. Varios compañeros de prisión y dos empleados del Penal le rodeaban, dispuestos a auxiliarlo.

—¿Qué te pasa, Fofo?

—Nada, que estaba soñando cosas feas.

Pero no refirió lo del Castillo de Omoa porque ese nombre era su peor obsesión, su tabú. Creía que al pronunciarlo más se aproximaba a su fatal destino.

En efecto, antes en su aldea y ahora entre las rejas, día y noche pensaba en el Castillo porque es allí donde van a dar los criminales peligrosos, y a él se le tenía como tal. De ahí su pesadilla. Ese sueño horripilante no era otra cosa que la sedimentación operada en el subconsciente a través de repetidas elaboraciones mentales.

Todo él vibraba como atacado de triquinosis, pero merced a un sedante que le administraron logró dormir hasta cuando los últimos luceros picotearon el cascarón del alba.

Compartía su celda con Agatón Guerrero, hombre de cincuenta y pico de años, curtido en la experiencia carcelaria. Preso en varias ocasiones, ya el encierro no sólo no le causaba miedo sino que, por el contrario, le atraía de veras.

—¡La cárcel es pa los hombres, mijo!

Y poco le faltaba para equipararla a las instituciones de beneficencia.

—Allí tenés casa y comida de choto... Lo único que falta es esto... —(y hacía una seña obscena para indicar "mujer")—. Pero de algún modo se las arregla uno...

Era un criminal espeso, "de los que jieden a pura caca", según su propio decir. Pero su especialidad era el crimen contra personas: asesinatos, lesiones y uno que otro delito sexual, particularmente violaciones, a las cuales era adicto, dizque para matar el tiempo allá en la soledad de la montaña.

Como buen delincuente de sangre, era honrado en cuanto a la propiedad. Incapaz de apropiarse un alfiler, así lo hallara en pleno camino real.

—Puedo ser muy asesino, pero ladrón nunca... ¡Mis manos no se han manchado robando!

Y lo decía con orgullo, como enseñando la media cara de su personalidad. Insistía, además, en que a todos sus enemigos los había matado como hombre, luchando frente a frente. Por cierto que uno de ellos le encaramó una peineta desde la oreja hasta el ojo. Se vio a palitos. Por nanitas se va al hoyo...

Como amigo era cabal. Nada de dobleces. Y por Rodolfo Brizuela, el atormentado de nuestro cuento, sentía una piedad casi paternal, pues desde la cumbre de sus cincuenta y pico miraba a este mozo de veinticuatro como si fuera su propio hijo. Porque él tuvo hijos: dos varones fornidos, trabajadores y buenos, pero se los mataron.

—¡Y desde entonces m'hice malo porque el mundo no quiere por la güena! ¿Sabés?

Esa mañana, viendo al muchacho en crisis, se le acercó:

—A ver, contame cómo fue. Voy a aconsejarte antes que declarés. Yo soy gato jugao...

Y Rodolfo relató sin reservas el acaecimiento de la tragedia, seis días atrás, allá en su monte. Él casi no se acordaba porque fue en noche de borrachera. Sólo al día siguiente supo que había matado a la Juana, su mujer.

¿Motivo? No tenía ninguno, antes bien, se querían mucho.

Estaban casados por lo civil y por lo eclesiástico.

Desde niños jugaron juntos. Más tarde fueron a la escuela, pero sólo ella aprendió un poquito. Él no, porque era bruto y jamás le atrajeron los garabatos. Solía quedarse escondido en el monte o pescando en la quebrada. Allí se comía el bastimento y regresaba como si tal cosa.

Lo que ella aprendiera en el Libro de Mantilla fue bastante para las cartas de amor. También le bordaba pañuelitos. Y él le contestaba con ramas y hojas colocadas en el pozo. En las fiestas eran el uno para el otro.

Cuando él propuso matrimonio, los tatas de ella se le opusieron porque era muy bolo, y lo peor es que el guaro le afectaba el cerebro. Entraba en una locura agresiva como si se le soltaran los demonios interiores. La ronda tenía que amarrarlo. Amanecía contra un poste, los bíceps atados por detrás, echando baba y muriéndose de goma.

El trago era su único defecto. Muchas dificultades le había acarreado. Al solo perder el conocimiento se lanzaba, machete en mano, contra el primero que encontraba. Así hirió de gravedad al renco Pastor Melara, pero él le pagó la curación y quedaron de amigos. Y una noche en un velorio armó el gran bochinche contra la escolta, y por ir capeando culatazos, cayó sobre una olla que hervía en el patio, viéndose obligado a guardar cama por ciertas quemaduras recibidas en salva sea la parte.

—¡Ese trago, Rodolfo, ese trago va a ser tu perdición!

Siempre se lo decía llorando, porque en verdad ella lo adoraba. Después de cada parranda —blanda arcilla bajo el efecto de la goma—, él prometía enmendarse. Ya les venía el primer encarguito y esa era una razón más.

Al subir el sol le preparaba una sopa de huevo bien chiluda y le aplicaba su trago de dos pisos como desengomante, con lo cual él se dormía y así terminaba la cosa.

Esta vez tenía casi un año de no probar el maldito guaro.

Pero los amigos, los malos amigos, son los agentes de Lucifer. Uno de ellos se lo llevó al velorio y de allá volvió hecho bestia. Y aunque ahora no sabía explicárselo, el caso es que su mujer apareció hecha pedazos. Él despertó en la cárcel de Yusguare, en cordillera para Choluteca.

"Una noticia así, estando uno de goma, se hunde como machete en mata de plátano. Después de cada borrachera la goma es fatal. Se siente una sed horrible acompañada de jaqueca y de complejo de culpa que lo hace a uno creer que está sepultándose en un lodazal. (Dios mío, ¿qué he hecho?) Y es como quien entra en un pozo de malacate, sin auxilio en muchas leguas..."

El reo parecía aliviarse al referir el mundo de sus tribulaciones. Suspiró largamente y después guardó silencio. Entonces el otro habló:

—No te aflijás. Dios no desampara a naides...

Hasta de Dios se acordó aquel lombrosiano encallecido por tal de llevar hasta su joven amigo la limosna de su consuelo. Acto seguido le dio consejos de acuerdo con su propia experiencia:

—Si no hay testigos, lo mejor es negar. ¡Si confesás te jodés...!

Y se dio vuelta hacia la pared. Preocupado.

Rodolfo rindió su declaración indagatoria. Pero, sea porque su conciencia y su dolor lo atenaceaban, sea porque olvidara los consejos de Agatón, lo cierto es que confesó.

Como no podía pagar defensor, le nombraron uno de oficio, un cagatinta borrachín, quien, percatado de la pobreza de su defendido, jamás se asomó al juzgado.

Las atenuantes de responsabilidad brillaron por su ausencia, y después de un año de trámites advino el fallo condenatorio.

Rodolfo, en este tiempo, bajo el peso de una aplastante hipocondría, casi nunca hablaba, y por la noche sufría el asedio de lúgubres visiones. Su temperamento fácilmente irascible le vedaba el trabajo en obras públicas, donde habría podido dar ventana a su amargura. La crisis subió de punto con la partida de Agatón Guerrero, quien, convicto de asesinato, fue destinado a Omoa, de donde no volvería.

Y recomenzó a martillarle en las sienes la frase obsesionante de la primera pesadilla:

¡Ya llega tu turno! ¡Tu turno! ¡Tu tuuuurno!

Su nuevo compañero de celda era Calixto Parrales, procesado por abigeato. Hurtos, robos y estafas configuraban su credencial. No era amigable ni confiaba en nadie. Bajo su máscara de santulón se agazapaba un alma pérfida. Y siempre llevaba consigo un filoso puñal, escondido con rara habilidad. Este, al revés del anterior, jactábase de que podía ser muy ladrón pero asesino nunca, y de que sus manos jamás se mancharon con sangre cristiana:

—¡Uy, si eso de matar es un pecado!

Y se santiguaba inmediatamente.

La vida de la prisión se volvía insoportable. La comida era pésima, pues la suministraba la mujer del Jefe, en condiciones leoninas. ¡Y cuidado con chistarse! El trato para todos era a base de improperios y azotes. Y la dormida se hacía sobre un colchón de chichuizas, jelepates, piojos y carangas, como importados ad hoc para mortificar a estos pobres que ya tenían un pie en el cementerio.

Rodolfo Brizuela Fuentes —vestido cebra N.º 34— fue llamado para oír sentencia. Cruzó la calle, custodiado por un cabo y seis soldados, el primero con ametralladora y los segundos con fusil, pistola y machete. Su estampa recordaba al hombre de la Caverna, sucio hasta el espanto, con cabello y barba primitivamente desarrollados. Apenas podía arrastrar una cadena de sesenta libras. Causaba pesar en unos, curiosidad en otros e indiferencia en los más. Desde la pared de enfrente, la Declaración de los Derechos Humanos se tenía la barriga para no morir de risa...

El Secretario le notificó el fallo. Después de enrevesados considerados, se le condenaba a diez años en Omoa.

Quedó un rato como ausente, cual si no hubiera oído nada. Miraba a su alrededor como si recién llegara de Marte. Por unos segundos se le contrajo la comisura de los labios en un rictus indescifrable —¿sonrisa o llanto?— y por fin estalló en una carcajada metálica y nerviosa que estremeció la vetusta Casa de Justicia...

Poco a poco fue hundiéndose en el silencio. En el silencio de la demencia. De la demencia que es como un pozo...

¡Como un insondable pozo de malacate!

EL HABITANTE DE LA OSA, VIDA Y PASIÓN DE JUAN RAMÓN MOLINA: por ELISEO PÉREZ DESCALSO

Juan Ramón Molina es a la cultura nacional, y en especial a la literatura patria, lo que José Cecilio del Valle es a la ciencia en general, y lo que Ramón Rosa es a la filosofía revolucionaria del Siglo XIX.

Esas tres grandes figuras son, a un tiempo mismo, factores de identidad vernacular y de genuina integración regional, todo ello, desde luego, sin desconocer la apostólica cruzada de otros grandes constructores de nuestra cara nacionalidad.

Juan Ramón Molina fue un brillante y macizo portalira que se inscribió en los registros del Movimiento Modernista Hispanoamericano, cuyo máximo adalid fue el genial Rubén Darío, poeta nicaragüense a quien le cabe la gloria de haberle inoculado nuevos ritmos y nuevas formas a la expresión poética de su tiempo y de haber clavado el lábaro triunfante de una aventura reformatriz en los predios legendarios del idioma, devolviéndole así a la Madre Patria la visita que trescientos años antes nos hicieran los conquistadores de ultramar, aquellos que esgrimían en la diestra el acero vencedor en cien combates y en la izquierda la cruz de la nueva fe, que les dio a nuestros abuelos el sol de la luz eterna.

Tal como muchos sabemos, Juan Ramón Molina vio su luz original en la apacible Comayagüela, una urbe que actualmente es parte orgánica e indisoluble del Municipio de Tegucigalpa, Distrito Central, el 17 de abril de 1875; vivió un tiempo en Guatemala, donde hizo su secundaria y algo de universidad, y murió en El Salvador, el 2 de noviembre de 1908, después de haber recorrido una trayectoria vital de apenas treinta y tres años, muy parecida, por cierto, a la de otros preclaros modernistas de su tiempo, entre ellos el colombiano José Asunción Silva, el uruguayo Julio Herrera y Reissig, el ecuatoriano Medardo Ángel Silva, el cubano Julián del Casal, los hondureños José Antonio Domínguez y Manuel Molina Vigil, el mexicano Gutiérrez Nájera y algún otro joven astro de aquella irrepetible constelación de efebos, quienes, al sólo haber superado la alambrada fatal de los treinta años, recibieron el llamado de los dioses para compartir con ellos la ambrosía de la gloria y para adornar sus sienes con los laureles de la perpetua inmortalidad.

En su efímera y dramática existencia, el gran poeta hondureño apenas tuvo ocasión de visitar el Brasil en 1906, con motivo de haberse celebrado en Río de Janeiro, "La Ciudad Maravillosa", una reunión dedicada a promover el ideal de la solidaridad continental, sistema éste de pensamiento que registraba entre sus precursores, allá en el siglo pasado, a su compatriota hondureño José Cecilio del Valle, sabio, prócer y estadista, quien fuera amigo y contemporáneo de otros ilustres americanos, como Andrés Bello y Simón Bolívar, para sólo mencionar a dos faros de primera magnitud.

Incontinenti de su breve permanencia en aquella gran metrópoli, Molina salió hacia Europa, en compañía de sus ilustres paisanos: el jurista y diplomático Don Fausto Dávila y el poeta y escritor Don Froylán Turcios, quienes, al igual que él, integraban la Delegación de Honduras ante ese histórico cónclave de la capital carioca. Y fue en París, nada menos, donde halló propicio alero para escribir su célebre proemio a la novela "Annabel Lee", de Froylán Turcios, documento literario que por sí solo da testimonio de su riqueza verbal y de su fuerza creadora en el campo de la prosa.

Y, luego de haber cerrado ese periplo de gloriosas aventuras trasatlánticas, retorna al terruño patrio, en donde a los pocos meses sobreviene una catástrofe política que le obliga a emigrar hacia la hermana tierra de El Salvador, donde, pese a la hospitalidad sin reservas que le prodigara el pueblo de Cuscatlán, le acomete el mal de moda en aquel tiempo, el spleen de los artistas y poetas finiseculares, léase estrés o depresión para los hombres de ahora, y allí, víctima de la pobreza, del alcohol y la nostalgia, lanza su postrer suspiro, en la fecha que ya queda consignada.

En 1918, el Gobierno del Presidente Francisco Bertrand, atendiendo un pedido general de la intelectualidad catracha, acuerda repatriar los restos del insigne portalira; y en ese histórico evento, que marca un hito dorado en los anales de la centroamericanidad, se dan cita delegados de ateneos, academias y otros centros literarios de toda la región ístmica.

Fue en tal oportunidad cuando comenzó a tomar auge la idea de un monumento a Molina, idea que desde 1913, vale decir, desde cinco años atrás, había lanzado al viento su hermano incondicional, el poeta y novelista Froylán Turcios; un monumento que fuese digno de su trayectoria impar.

Entre las voces que retomaron la iniciativa de Turcios, son dignas de recordarse las del escritor nicaragüense Juan Ramón Avilés y la del escritor y médico hondureño, más tarde Presidente de nuestro país, Vicente Mejía Colindres.

Otro tanto hizo después (1926) el médico y orador Ricardo D. Alduvín, a la sazón Ministro Plenipotenciario de Honduras ante el Gobierno de México, al haber editado por su cuenta un opúsculo modesto conteniendo los versos de Molina bajo el sugestivo título de: TIERRAS, MARES Y CIELOS, el mismo con que aparece una primera edición, en 1913.

Y, tras esas semillas luminosas que a lo largo del camino fueron sembrando algunos buenos hondureños en décadas ulteriores, arribamos, finalmente, a 1970, año en que se constituye el "Comité Pro-Monumento a Juan Ramón Molina", como órgano específico de la Asociación de Prensa Hondureña (APH) y con el único y formal propósito de llevar a feliz término la tarea de hacerle al ilustre cantor de "El Río Grande", de "Una Muerta", "Pesca de Sirenas", "Salutación a los Poetas Brasileros" y de otros poemas merecedores de un sitio honroso en cualquier antología, el monumento con que soñaran, para perpetuar su gloria, los compatriotas ya dichos, más otros que igualmente proclamaron a tal fin su apoyo a esa cruzada de justiciera inspiración.

Pero el hecho es que, entre los sueños y las realidades siempre se han interpuesto las palabras, y el caso de referencia no constituye excepción. En efecto, no fue sino hasta el año antepasado (1992) cuando los afanes del Comité se concretaron en algo sólido y trascendente, como lo fue la confección de una estatua en bronce, esculpida por Mario Zamora Alcántara, artista hondureño de ancho prestigio internacional.

Esa estatua de Molina, que ya está en nuestro poder, es de posición sedente y reviste belleza imponderable. El Comité la hizo realidad, merced a la ayuda inestimable del ex-Presidente de la República, Rafael Leonardo Callejas, más el aporte de instituciones privadas y de personas particulares, y ahora sólo se espera la remodelación del Parque "La Libertad" para poder celebrar, con la debida solemnidad, la ceremonia de su develación, seguros como estamos de que será motivo de justo orgullo, tanto para la urbe metropolitana como también para toda la hondureñidad en general.

El predio sobre el cual descansa el pedestal de la estatua es la esquina nororiental del Parque ya mencionado, en Comayagüela, frente a la Escuela Nacional de Bellas Artes, y fue donado por la Honorable Corporación Municipal del Distrito Central, en 1989.

Pero bueno y oportuno es aclarar que el vocablo monumento, en este caso, no se contrae exclusivamente a la erección de una bella estatua, que es la encarnación en bronce de su individualidad humana —y por lo mismo perecedera—, sino que también abarca todo un programa de acción glorificadora a escala nacional, que cubre desde el bautismo de algunas plazas con el nombre de Molina hasta la edición de su bibliografía, comprendiendo en tal tarea no solamente su copiosa producción, tanto en verso como en prosa, sino también lo que se ha escrito hasta ahora en torno de su vida y de su obra por literatos de Centroamérica, así como de todo el Continente, más algunos de ultramar.

O sea que, paralelamente a la colocación de su imagen plástica, realizaremos otros actos conmemorativos para culminar con la creación de un centro denominado "Fundación Cultural Juan Ramón Molina", institución destinada, ya no sólo a rendirle culto al más alto exponente de las letras hondureñas, sino también a toda la galería de compatriotas excelsos que hayan servido con amor y abnegación las altas causas de la Educación, de la Ciencia y la Cultura, tales como José Cecilio del Valle, Dionisio de Herrera, Francisco Morazán, Juan Lindo, José Trinidad... Reyes, Ramón Rosa, Marco Aurelio Soto, Antonio R. Vallejo, Policarpo Bonilla, Alberto Membreño, Rómulo E. Durón, Manuel Bonilla, Sotero Barahona, Manuel Adalid y Gamero, Froylán Turcios, Luis Andrés Zúñiga, Rafael Coello Ramos, Augusto C. Coello, Pablo Zelaya Sierra y muchos otros, así del pasado siglo como de la actual centuria.

Y, uniendo el dicho al hecho, he aquí una muestra de la colección que, bajo el título genérico de: Obra y Vida de Juan Ramón Molina, lanza ahora el Comité ante la consideración pública, como parte del homenaje que venimos preparando en memoria de aquel compatriota insigne a quien Miguel Ángel Asturias, Premio Nobel de Literatura 1967, saludara alguna vez con el título de "Poeta Gemelo de Rubén", o sea el mismo Rubén de Azul, de Prosas Profanas, y de Cantos de Vida y Esperanza.

No está fuera de lugar hacer énfasis en que, a la par de la presente publicación, donde aparece la obra de gallardo apolíneo, no solamente con su producción en verso sino también con una serie de ensayos y opiniones en torno a su trayectoria, el Comité está preparando otras obras sobre el tema, con miras a divulgar las más recientes adquisiciones en materia de letras molinianas, como resultado de las pesquisas que algunos de nuestros consocios han efectuado en los archivos de Nicaragua, El Salvador y Guatemala, principalmente, pesquisas que, en manera alguna, pretenden agotar el proceso investigativo de su pródiga viña literaria.

No está de más explicar que nuestra empresa divulgatoria no conlleva afán de lucro y todo lo que se va haciendo no es otra cosa que una campaña romántica de un grupo de soñadores comprometidos con las causas de la Patria y la Cultura, quienes, en buena hora y con justo título, se han bautizado a sí mismos como Los Trece Locos del Guanacaste por haber sido y seguir siendo la Casa del Periodista, en el barrio capitalino de este legendario nombre, el sitio donde religiosamente se han venido reuniendo, desde ya lejanos años, los miembros del Comité, que son justamente trece y cuyos nombres aparecen en una de las solapas de este libro.

Justo es explicar aquí que la presente edición ha sido dirigida por el consocio Lic. Marcial Cerrato Sandoval, quien ha sabido poner, en el desempeño de su cometido, el dinamismo, la creatividad y el espíritu de entrega que le son característicos en todos los desempeños en los que él se ha involucrado.

En consecuencia, esperamos que, tanto el actual volumen como los que le sucederán, reciban el beneplácito de los amables lectores, quienes, al comprar sus respectivos ejemplares, le estarán brindando su valioso apoyo a nuestros caros esfuerzos, al tiempo que depositan una flor de reconocimiento sobre la tumba del Príncipe de la Poesía Hondureña.

Tegucigalpa, abril de 1994
Eliseo Pérez Cadalso

CAPÍTULO I: MÍSTER BLACK

"...El retrato está ahí: erguido el busto, la cabeza con aires de reto, la frente despejada, los bigotes espesos y de alacranadas guías, la flor en el ojal de la levita, en alarde inconfundible de ostentosa elegancia personal... ¿Qué va a sobrevivir de este manojo de poemas escrito al correr de una existencia inquieta, poblada de vagabundeos sin rumbo, de artificiales estímulos, de luchas y de fracasos? Imposible adivinarlo. De un poeta queda un libro, un poema, una estrofa, un verso quizás... Pero en la obra inconclusa y desigual del poeta hondureño hay realizaciones líricas que no han de morir mientras no muera nuestra poesía americana, poemas que han de salvarse del naufragio pavoroso del tiempo. Y ha de sonar por muchos años aquel grito sensual de ansia insatisfecha: ¡*Péscame una sirena, pescador sin fortuna...!*"   ENRIQUE GONZALEZ MARTINEZ

Es casi la media noche, y los pulmones de la ciudad respiran sólo silencio. Con aire propio de reina que va a su trono, la luna sube lenta y gravemente, midiendo los espacios infinitos.

Tras el hechizo del paisaje evocador, en este dos de noviembre saturado de músicas extrañas, se nos viene a la mente la imagen torturada de Juan Ramón Molina. Y, al evocar su numen con emocionada beatitud, desciende de los círculos celestes su figura de contornos imprecisos, que se vuelve tangible a medida que se acerca. Lejos de sentirnos sobrecogidos por la visión ultraterrestre, nos acomete el ansia de interrogar. Impecable es su vestir. Blanca flor en el ojal condecora su pecho varonil. Arrogante su apostura, y kaiseriano el mostacho seductor. Adelantándose a nuestras preguntas, confiesa:

Nací en el fondo azul de las montañas
hondureñas... Detesto las ciudades;
y más me gusta un grupo de cabañas
perdido en las remotas soledades.

Y luego —evaporada su olímpica silueta hasta quedar únicamente la voz temblando en el éter— va relatando su biografía, su apasionante biografía, donde el amor, la belleza y el dolor son ingredientes principalísimos de su yo, "compuesto extraño de azúcar, sal y hiel.

Esas montañas hondureñas son las mismas que gestaron en su vientre a José Trinidad Reyes, fundador de la Universidad de Honduras, autor de pastorelas y poemas diversos, justamente aplaudidos por la crítica extranjera; a Ramón Rosa, polígrafo y apóstol de la cultura nacional, y a otros adalides del buen pensar y del mejor sentir.

Esas montañas vírgenes, otrora desfloradas por el conquistador para extraerle fabulosas cantidades de metales preciosos; esas montañas que van desde Talanga hasta San Juancito y desde Santa Lucía hasta el Cerro de Ulah, producen los claveles más encendidos y las maderas más finas. Trátase de una comarca encantada, como hecha exprofeso para uno de aquellos cuentos miliunanochescos donde los pájaros hablan, los árboles cantan y los poetas se reproducen por generación espontánea, vale decir, por obra y gracia de ese ambiente, que es como una pastoral bethoveniana.

Comarca de especial fascinación, donde los pinos ensayan su vuelo interplanetario y las fontanas rizan su canto con peineta de luceros, suspirando sus adioses en la verdura de las cañadas, mientras la orquídea engalana la solapa de los cedros centenarios. Es la tierra del puma y del tamagás, de la paloma y del venado, —hay una tesis según la cual Taguzgalpa significa lugar de los venados, y no cerro de plata, como generalmente se ha admitido ; yes, finalmente, la tierra de las canteras. ¿Habéis tenido ocasión de ver las casas de Tegucigalpa? Están construidas con una piedra tersa, mórbida y dotada de tal sensibilidad que su contacto nos produce extraños estremecimientos. Su color cubre todo un vasto diapasón que va desde el verde hasta el lila y desde el azul hasta el amarillo, pasando por todos los matices intermedios, lo cual posibilita la preparación de mosaicos y caprichos susceptibles de responder al más acabado refinamiento.

José Joaquín Palma, caballero andante de la libertad, quien recorriera la América del Centro iluminado por su santo ideal, dedicó a Tegucigalpa unos versos que comienzan:

Tegucigalpa allá asoma
bella, indolente, garrida.
Tegucigalpa allá asoma
como nido de paloma
sobre una rama florida....

Allí en Comayagüela —puente Mallol de por medio— nació Juan Ramón Molina el 17 de abril de 1875, del hogar que formaban don Federico Molina, inmigrante español, y doña Juana de Molina. Su infancia discurrió en ese mundo risueño que, ora se manifiesta en trompo y rayuela, ora en captura de nidos o competencia hípica sobre caballos de palo, ora en fin, en pesca y natación entre las entonces límpidas y caudalosas aguas del Río Grande o Choluteca.

En la comarca encantada, el almendro, la jacaranda y el macuelizo son los amos del paisaje. Pero a Juan Ramón le impresionó más el pino por su don musical y generoso. Árbol con alma, que fue, a un tiempo mismo, su hermano, su amigo y su maestro.

En un paraje cercano al Río, a la hora en que el ángelus se empina sobre las barrancas, solía él pasarse largos ratos, dialogando con el viento y las estrellas:

Fue mi niñez como un jardín risueño
donde, a los goces de mi edad esquivo,
presa ya de la fiebre del ensueño
vagué dolientemente pensativo....

Tenía apenas ocho años, y ya les volvía la espalda a los papalotes y a los mables para concentrar la atención en asuntos más serios. Nada de pantalones cortos. Todo hacía adivinar en él la presencia de un temperamento rebelde, inquieto y desconforme. Se liaba a pescozones con muchachos de mayor edad, y no fueron pocas las camisas despedazadas y las narices chatas que, en concepto de trofeos, abonaban su récord varonil. No es de extrañar, por lo tanto, que en vista de esas y otras hazañas que preconizaban un carácter fuerte, su padre lo internara, al sólo cumplir diez años, en la Escuela de un señor White, preceptor extranjero que se había hecho famoso por sus procedimientos draconianos y a quien el poeta, tiempo más tarde, había de llamar sarcásticamente Míster Black en página satírica de tanta vibración que bien pudieron suscribirla Hurtado de Mendoza, Mateo Alemán o el mismísimo Quevedo. La sátira aludida no sólo estaba erizada de banderillas contra el Mister de marras, sino que envuelve una cruda censura a los sistemas educativos de ese tiempo.

El cuadro es semejante al que nos pinta Don Ramón Rosa en su "Maestra Escolástica". En aquella Escuela, sucursal de la Inquisición, los instrumentos de convencimiento eran el látigo —nudoso hasta más no poder—, la palmeta. las orejas de burro y otras prendas semejantes. El tal Mr. Black era un monstruo sin tiempo y sin edad, algo así como aquellos vampiros que anidaban en los viejos castillos medievales.

Corría el año 1888, y él acababa de cumplir trece. Tres amargos años había pasado allí el pequeño cantor. Enjaulado. Oigámosle narrar:

"Creo que si volviera al lugar donde estuvo la escuela de Mr. Black, se despertarían extrañas reminiscencias en mi memoria, tal como sucedió en Londres a Edgar Allan Poe, al volver a visitar la escuela del dómine Bradsby; pero, aunque volviese allí, tendría que hacer un gran esfuerzo mental para reunir los pensamientos que abandoné hace doce años en el vetusto caserón, porque hoy, en el lugar de él, alzase un elegante edificio moderno, donde se oyen sonoras carcajadas femeniles y músicas de instrumentos de cuerda, en vez de los ayes de los párvulos martirizados por las disciplinas del ogro, que durante el día nos enseñaba aritmética, y por las noches, a la luz agonizante de una lámpara de alquimista, nos hacía rezar el rosario, de rodillas sobre las baldosas de la celda que le servía de cuarto. Creo innecesario decir que cuando alguno de nosotros cabeceaba, rendido por el sueño, era agarrado de la oreja por la mano de Mr. Black, y columpiado cerca del techo, donde se despertaba dando alaridos. Poniéndolo en el suelo otra vez, el gigante continuaba su interminable rosario, con voz monótona y pacata, golpeándose el pecho, mientras nosotros nos veíamos a hurtadillas, llenos de terror.

Para figurarse con verdad a Mr. Black, hay que describir el edificio de su escuela, tal como era cuando yo viví en él durante tres años mortales, que no olvidaré ni en la otra vida, con ser que allí se olvida todo.

Imagínense una antiquísima casa, llena de telarañas, con las tejas cubiertas de musgo y con un patio empedrado de guijarros volcánicos, probablemente del periodo paleolítico; patio desconocido de los pájaros del cielo y donde jamás había nacido una sola flor. Horribles paredones negros aislábamos de toda comunicación con las vecinas casas, y sólo de cuando en vez, por una rara casualidad, se asomaba a él, desde lo alto, uno que otro gato perdido, que lo examinaba atentamente lleno de asombro, con los bigotes erizados, huyendo en seguida a grandes saltos. Los murciélagos y las lechuzas, a la luz de la luna, aleteaban en él; los ancianos pilares proyectaban sus sombras y los grillos lo asordaban con sus monótonos chirridos.

En las noches tempestuosas, el viento aullaba sobre el edificio, sacudiendo aquella vieja armazón, cubierta de polvo de cien años, como si quisiera arrastrar su descarnado esqueleto de vigas. El sol, por la mañana, apenas calentaba aquellos corredores húmedos, donde sonaban huecas las pisadas y los ratones tenían sus agujeros. Un fuerte olor a moho, a vejez, a hongos podridos, se ceñía de continuo en aquel ambiente, que, como el agua de ciertas fuentes en las raíces que va mojando, tenía la cualidad de petrificar lentamente las carnes de los niños, dándoles el color de la piedra pómez y cubriéndolas de un polvillo terroso.

A esa maldita escuela fui llevado un día de enero, a las ocho de la mañana, cuando apenas contaba diez años. Al ir a entrar, volví maquinalmente los ojos a la calle, que no volvería a ver más, para despedirme del tibio sol que bañaba las paredes de las vecinas casas; de dos o tres pilluelos, mis amigos, que me habían seguido de lejos con caras tristes: y de dos bueyes, gordos y mansos, que pasaron en aquel momento, repletos sin duda de jugosa yerba y de felicidad. Cuando entré a la sala de clase, completamente desmantelada, varios niños volvieron tímidamente los ojos hacia mí, apartándolos de sus pizarras, donde probablemente resolvían un problema. Eran como veinticinco, sentados en bancos de pino. Reinaba un profundo silencio, apenas interrumpido por el chirrido de los pizarrones al trazar las cifras o por la tos tímida de alguno de aquellos infelices, en cuyos semblantes se pintaba el miedo.

Mr. Black a quien no conocía sino por la terrible fama de que gozaba entre los párvulos de las escuelas, estaba inclinado en ese momento sobre una gran mesa, donde se veían algunos libros de tiempos remotos, una palmeta enorme, un ancho tintero de barro y unas disciplinas de cuero de res, negras, horribles y nudosas que conocían las espaldas de una generación de niños. De lejos se veía únicamente la parte superior de su cabeza puntiaguda, cubierta de un pelo crespo y gris. Como sintiera mis pasos en la puerta, se enderezó, y dijo con una voz seca, que zumbó ásperamente en mis oídos:

—¡Entre!

Yo entré lleno de pavor, aunque cruzó por mi mente la idea de escaparme a todo correr por la calle próxima.

Desde esa hora, después de algunas explicaciones en que se habló de mi carácter fuerte, de los latigazos que debía darme aquel verdugo para domarme, y de otras cosas por el estilo, quedé incorporado a aquella sucursal de la Inquisición, y empecé, para evitar pérdidas de tiempo, a copiar allí mismo el problema que estaban resolviendo mis compañeros de infortunio. Era una maldita resta, por la que se trataba de averiguar cuántos años tenía el maestro. Los números, rígidos y estirados, escritos con tizate por la mano de Mr. Black, se destacaban como enjutas figuras geométricas en el fondo negro del pizarrón. Cada uno de ellos era el retrato del que lo había trazado con los huesosos y largos dedos de su mano, capaz de perforar una mesa de un solo impulso. Si aquellos números, casi misteriosos, parecidos a jeroglíficos egipcios o a fórmulas mágicas, se hubieran juntado por el capricho de un hechicero, indudablemente que la silueta angulosa de su autor habría aparecido de repente en el pizarrón.

Yo no podía imaginarme aquellos guarismos, sin imaginarme a Mr. Black, y viceversa. Entre él y ellos había un lazo invisible, había una relación misteriosa, un parentesco raro. Eran sus hijos, sus esclavos. Parecía que estaban doblegados a su voluntad, que obedecían sus caprichos, que estaban ciegamente a sus órdenes. Si él les hubiera dicho con su terrible voz:

—Números: a la mesa —y los números, desprendiéndose como por encanto de su puesto, irían en seguida a colocarse en ella, respetuosamente inclinados.

Si él les hubiera dicho: "Números: a mi cabeza", los números, subiéndose por sus largos brazos, entrarían en ella por su boca, por sus orejas, por su nariz y por sus ojos: tal homogeneidad existía entre aquel hombre y aquellos guarismos.

Como ninguno de nosotros resolvió el problema de encontrar su edad —cosa del todo imposible, porque sin duda se le había muerto de vieja, o tal vez nunca la tuvo, lo que es más probable— se levantó de su taburete, y después de dar de latigazos a los más grandes, cogió el tizate y se dirigió al pizarrón. Los números, viéndolo acercarse, hicieron una mueca, que era una sonrisa, alineándose gravemente sobre el horizontal.

Entonces pude verlo y considerarlo bien. Era un hombre cerbatana, como el dómine Cabra de Quevedo; una alta osamenta cuyos huesos chocaban a cada instante; una como momia colosal metida en una levita milagrosa, del color de la miseria, cortada por la desgracia, raída por el hambre y empolvada por el tiempo. Sus pantalones de panilla ocultaban unas piernas inverosímiles y temblorosas, que parecían de avestruz, o con más verdad, de alambre, cuyas choquezuelas crujían a cada momento: se temía que los tales órganos de locomoción se quebraran como una caña. Su calzado de suela, con señales de muchos remiendos de zapatero viejo, estaba cortado sobre los dedos, por temor de los callos, que tenía muchos y muy grandes. La pechera de una camisa, o de una mugre que parecía tal, enemiga de lavanderas, desconocida del agua, mal vista por la plancha, se asomaba por entre el chaleco, o centro, como decía él, flojo sobre su abdomen inverosímil, digo, sobre su espinazo, porque lo que es vientre no tenía, ni le hacía falta para maldita cosa. No tenía color su rostro, sino era cuando montaba en ira, que entonces se bañaba del de la muerte, aunque de por sí estaba de pecas y de cicatrices. Terminaban sus flacos brazos en manos más flacas, que terminaban en dedos más flacos aún, de donde salían diez uñas enflaquecidas de tanta flaqueza; cada dedo, así con aquella uña negra, era a propósito para gancho del tridente del diablo; la cabeza, cabo de aquella tranca de hombre, era nido de terquedades, terreno ingrato para retóricas, bosque virgen para los peines, refugio seguro de las pulgas proscritas de su pescuezo.

Bajo sus párpados llenos de fatiga, palidecían sus ojillos miopes, defecto que favorecía nuestras risas desde lejos, aunque a veces, por sólo un culpable, caía el látigo sobre chicos y grandes. Por entre las ventanas de su nariz de lobo, se veía un vello color de tierra, pareciendo que dos arañas tejieran sus telas allí. A los lados, dos patillas anémicas, queridas del desaseo y viudas sin consuelo del jabón, caían melancólicamente sobre su mandíbula inferior, que a veces se doblaba sobre su pecho, digo, sobre sus costillas, que podían doblarse sin duda sobre su espinazo, que a su vez lo haría sobre sus piernas; tal facilidad para ello indicaba aquella armazón de resortes. Sus grandes orejas parecían conchas de ostras; su boca, o mejor dicho, la abertura que hacía de tal órgano, entreabriese y mostraba un colmillo negro y encorvado, semejante a una bruja en el fondo de su cueva: y su pescuezo arrugado, se estiraba como el de ciertas aves de rapiña en dirección del menor ruido. Sentado me pareció un número 4; de pie, un gran número 1; y encogido sobre el pizarrón, un número 7.

Resuelto por Mr. Black el problema de averiguar los años que tenía, salió tal cantidad, que él mismo no dejó de asombrarse, con ser que hacía un siglo que no llevaba la cuenta. Después me dijeron que no tenía edad y hasta que no era hijo de mujer, como todos los hombres: pero esto nunca lo creí del todo. Ni tampoco que tuviera pacto con el diablo: ni que no comía carne de puerco ni de vaca, sino de ratones y alguna que otra lechuza; ni que su levita le creció con los años —y en eso sumaron siglos— como la túnica inconsútil de Nuestro Señor Jesucristo; ni que en un arcón viejo al lado de la tarima donde dormía con un ojo abierto y el otro cerrado, tenía calaveras y canillas de muerto, con unos pergaminos que contenían secretos de cábala.

Todos estos rumores, dichos al oído de los alumnos, contribuyeron a que le cobrara un supersticioso terror a Mr. Black, que se aumentó cuando oí asegurar que había nacido antes del Diluvio, y que se salvó de la catástrofe, escondiéndose en el Arca, entre las jirafas y los camellos, por lo que no llamó la atención de Noé. Algunos dudaban de esto; pero tenían por cierto que varios astrólogos caldeos, según constaba de un ladrillo cuneiforme, encontrado en las ruinas de Nínive, lo vieron con la misma levita en la torre de Babel. No faltaba quienes aseguraron, fundándose en un jeroglífico de una de las galerías de Menfis, firmado por un sacerdote de Isis, que en tiempo de uno de los faraones había tenido la ocupación de envolver y pintar momias; pero la versión más racional, y que merece entero crédito, es la que cuenta que vino a América escondido en el fondo de uno de los buques de Colón, saltando a hurtadillas a tierra de Honduras en Punta Caxinas, y que después, corrido el tiempo, se dedicó con tesón a enseñar las cuatro reglas a los niños, ayudado asiduamente por la palmeta y las disciplinas, que después supe apreciar en su justo peso y valor".

CAPÍTULO II: ENCUENTRO CON DARÍO

"... Pertenece Molina a una casta de hombres casi desaparecidos. Visto al través de nuestras inquietudes actuales, parece un espíritu de postrimería, una de esas almas en que remata y se disuelve una cultura. Sin ser un enfermizo, era, no obstante, un atormentado en quien el artificio literario y la influencia de otra literatura, sobre todo la francesa, derivaba inesperados momentos del ánimo. Molina supo conservar, sin embargo, cierta identidad de fondo y forma que le hacen único en medid de esa paradoja moral y política que se llama Centroamérica. Darío tuvo para él cierta profunda admiración y casi receloso respeto: y Darío mismo no tiene sobre Molina sino el logro de toda una trayectoria, porque éste es un malogrado.

Molina lena por completo a Honduras, tierra de pinares y de caudillos individualistas. El asoma por sobre los riscos de la montaña lluviosa como un genio paternal sobre una heredad mutilada. Como hombre, fue enérgico, amargo y tierno. Su melancolía es casi una actitud, —la negra bilis de los latinos—y por eso es creadora. Pero su dulzura, su poder de maravillarse, son únicos. Hay tanto sol en él que su poesía no admite noche".

RAFAEL CARDONA

Inspirado en el afán de darle una educación completa a su hijo, don Federico Molina resolvió enviarlo a Guatemala para que, una vez convertido en Bachiller, ingresase en la Pontificia Universidad de San Carlos Borromeo, donde otrora se formaran algunos ilustres hondureños como José Cecilio del Valle, redactor de nuestra Carta de Libertad y precursor del Panamericanismo; Dionisio de Herrera, Jefe de Estado de Honduras, de El Salvador y Nicaragua; Marco Aurelio Soto, hombre de profunda huella en las letras y en la ciencia del Estado; Ramón Rosa, pensador y estadista, ya mencionado en anteriores páginas, Manuel Molina Vigil, médico y poeta tronchado en agraz, y otros varios de esa talla. Juan Ramón, en un ambiente oxigenado de cultura y oreado de libertad, con buenos maestros y mejores libros, tomó el estudio en serio hasta llegar al Cuarto Curso de Bachillerato.

A pocos años de ausencia, le vemos en Tegucigalpa, gozando de vacaciones en el seno de su hogar. Pero el ambiente deletéreo de nuestra política lugareña le produjo náuseas, y así lo revela en su poema "Adiós a Honduras", escrito a bordo del vapor "Costa Rica", cuando de nuevo se dirigía a Guatemala. Escuchemos las primeras estrofas:

"Voy a partir: ¡adiós! la frágil nave,
deslizándose suave,
lanza a los cielos su estridente grito;
y el humo ennegrecido que respira,
en colosal espira
asciende a la región de lo infinito.

Las alas de oro, lánguida y cobarde
pliega la mustia tarde
en la insondable cuenca del vacío,
como águila cansada que al fin toca
su nido en la alta roca
y se recoge, trémula de frío.

Quebrándose en el vidrio de los mares
—los destellos solares
las espumas blanquísimas inflaman;
y como hambrientas e irritadas fieras
—mordiendo las riberas—
las bravas ondas estallando braman.

El viejo sol, que su esplendor difunde
desde el ocaso, se hunde
con un nimbo de vivas aureolas:
el alción fatigado el ala cierra.
y se duerme la tierra
al sollozar de las hinchadas olas.
Por qué, por qué con la mirada incierta

sigo, desde cubierta,
la dirección del puerto de Amapala,
si el vapor, con seguro movimiento,
sobre el blando elemento
en busca de otras playas se resbala?

¡Oh tarde melancólica ¡Oh astro
que luminoso rastro
dejando sobre el mar, en él te hundiste!
¡Oh, vagabundas nubes! ¡Oh, rumores:
afanes punzadores
llevo en el alma, dolorida y triste!

No es el amor el que a sufrir me obliga
y el corazón me hostiga
al despedirme de mi tierra ruda:
ni la ciega ambición desenfrenada
que a la mente exaltada
cual venenosa víbora se anuda.

Es un oculto y hondo sufrimiento,
algo como un lamento,
el recuerdo de lúgubres escenas,
el horrible chocar de los cuchillos,
el roce de los grillos.
y el siniestro rumor de las cadenas.

¡Qué triste es ver que el cóndor de la cumbre
al foco de la lumbre
vivífica del sol el ala tienda,
y de repente, al mutilarlo un rayo,
Habitante de la Osa
en tremendo desmayo
en espantosa rotación descienda!

Como ese cóndor del crestón bravío
el noble pueblo mío
movió a la libertad las grandes alas,
y al remontarse a coronar su anhelo
un audaz tiranuelo
se las ha cercenado con las balas.

Así cual de la flor, rica en esencia,
manchan con su excrecencia,
el purísimo cáliz los insectos,
han deshonrado el hondureño solio
—con torpe monopolio—
mandatarios estúpidos y abyectos.

¡Oh, pobre Patria! El que de veras te ame,
en indolencia infame
no mirará el ridículo sainete
sin que encamine, trágico y austero,
su paso al extranjero,
y a los histriones con las armas rete.

Por eso en tus fronteras montañosas
sobre olvidadas fosas
que baña el sol con sus ardientes luces.
contempla el caminante, entre zarzales
y abruptos peñascales,
alzarse al cielo solitarias cruces".

Le había tocado presenciar el hórrido espectáculo de una guerra civil, podando vidas útiles y sembrando odios fraternos. El caso le afectó profundamente porque, al contrario de Honduras, en Guatemala se vivía una época de florecimiento literario. Era la transición entre el Gobierno de Barillas y la primera administración de Reina Barrios, administración que, como es sabido, se caracterizó por su alto espíritu democrático y por su afán de promover nobles causas humanas.

Pero, sigamos los rastros del poeta después de sus primeras vacaciones. "Adiós a Honduras" es un poema emocionado, bastante bueno para un doncel de diecinueve años. No es original, pero sí vibrante. Tiene reminiscencias de Núñez de Arce, Diaz Mirón, Olmedo, Almafuerte y probablemente de González Prada. Molina asimilaba el influjo romántico en toda su plenitud, y participaba de aquel titanismo que fundara Víctor Hugo, seguido de varios poetas de habla española como Espronceda, Bécquer, Candelario Obeso y Julio Florez; era la pose desafiante del que, en tono imperativo, conmina al sol a detener su marcha; del que cree que primero se seca el mar o se rompe el eje de la tierra antes de que se apague la llama de su amor, y en fin, del que jura que si su amada muriera, él se va hasta el cielo y se la quita a Dios.

Juan Ramón no estuvo exento de esos vapores quiméricos, de esos gases hilarantes que estaban de moda entonces. Oigámosle en Postrera Súplica:

Si muero joven, si el dolor me mata
y en la terrible fosa me derrumba,
te ruego que no vayas, dulce ingrata,
con otro amante a visitar mi tumba.
¡Porque al sentir vuestros iguales pasos
romper la paz que para siempre anhelo,
levantaré los descarnados brazos
para pedirle que me vengue el cielo!

He aquí los versos de un colegial que llora con un dolor prestado; y es de presumirse que estas estrofas jamás habrían figurado en una selección de sus poemas autorizada por él. Pero las hemos recordado porque tienen el valor de un hito miliar en la concepción de su futuro mapa emocional.

Cierto que le halagaba mucho la posibilidad de convertirse pronto en flamante Bachiller, y que ya se soñaba ir —cartón solemne bajo el brazo— rumbo a la Facultad de Derecho, para inscribirse como futuro togado; pero las aguas de su vocación le arrastraban hacia otros cauces:

> Sentí en el alma un natural deseo
> de cantar. A la orilla del camino
> hallé una lira — no cual la de Orfeo—
> y obedezco al mandato del destino,
>
> tan ciegamente que mañana—cuando
> tránsfuga de la Vida, me deserte—
> quizá celebre madrigalizando
> mis tristes desposorios con la Muerte.

En 1891 había arribado a Guatemala Rubén Darío, triunfante en la mañana de sus veinticuatro primaveras. Recién tenía publicado en Chile su famoso libro Azul —prologado por Don Juan Valera—, con el cual podó las viejas ramas de la poética española, injertando en el añoso tronco nuevas yemas, gestadoras a su vez, de nuevos árboles y nuevos trinos...

Coronado de mirtos, y laureles, el chorotega genial había retornado a su "Nicaragua natal", pero las condiciones no le fueron propicias, y, casi de paso, llegó por segunda vez a El Salvador, donde recibió la cordial protección del Presidente Menéndez y el abrazo fraternal de Francisco Gavidia, el mismo que le encauzara hacia la lectura de los poetas galos, al tiempo que le enseñaba la técnica de trasladar al castellano el alejandrino francés. Luego de algunos meses de permanencia en Cuscatlán, se vio obligado a dejar el país cuando los hermanos Ezeta asesinaron a su amigo y protector, para adueñarse del Poder.

En llegando a Guatemala, Rubén escribió un reportaje dramático sobre La Historia Negra de Los Ezeta, condenando la traición al Presidente Menéndez, perpetrada por quien era su propio Ministro de Guerra, y, lo que es más grave aún, su protegido de mayor confianza.

Don Francisco Lainfiesta, editor y literato de exquisita cultura, realizó con buen suceso un tiraje de Azul, en tanto que su autor se ocupaba en escribir cuentos y poemas, dejando algunos paréntesis para poder leer a Whitman y hacer versos en francés.

La presencia de Darío en Guatemala representó una eclosión. Los literatos jóvenes le rodearon y aplaudieron con unánime voto. Los clásicos hicieron otro tanto, pero con reservas. Los cenáculos alcanzaron un alto grado de combustión, y las figuras que a ellos asistían son las mismas que ulteriormente han colmado los anaqueles de la cultura centroamericana por espacio de medio siglo.

Actuaba como Director de la Biblioteca Nacional el poeta bayamés José Joaquín Palma, a quien se debe la letra del Himno nacional guatemalteco, y trabajaba como oficial de la misma el costarricense Alberto Brenes Mesén, llamado a ocupar más tarde un sitio prócer en las letras del Istmo. Darío estrechó amistad con ambos.

El estado mayor de la literatura chapina contaba con representativos valiosos: Agustín Mencos Franco, Antonio Batres Jáuregui, Juan Fermín Aycinena, Ramón A. Salazar, Javier Valenzuela, José Vicente Martínez, Salvador Falla, Enrique Martínez Sobral, Pío M. Riépele, Guillermo F. Hall, Domingo Estrada, Ismael Cerna, y tres bisoños intelectuales cuya garra comenzaba a endurecer: Enrique Gómez Carrillo, Máximo Soto Hall y Rafael Arévalo Martínez.

Ese arribo de Darío es un suceso que sólo tiene par en la llegada de José Martí en 1877, cuando era Presidente Justo Rufino Barrios, quien acogió al Apóstol con el mayor beneplácito. Martí, como es sabido, sintió viva admiración hacia la hija del General García Granados y a ella se atribuye el haberle inspirado varios poemas prodigiosos, siendo La Niña de Guatemala el más popular de todos . Pero él —quijote comprometido con la dulcinea de la Libertad —, no pudo unir su destino al de la bella María, fiel trasunto de aquella otra María, ensoñación del Cauca, que cantara Jorge Isaacs.

En poco tiempo Martí había logrado inseminar en las conciencias jóvenes el germen de general simpatía hacia su causa, con el aliento de una nueva modalidad poética, el Modernismo, cuyo máximo portaestandarte iba a ser Rubén Darío, ahorra huésped de Guatemala en 1891 y 1982.

En ese lapso de permanencia, las tertulias sólo sufrieron una pequeña interrupción motivada por el viaje de Darío a Costa Rica, donde el genial chorotega reforzaría su amistad con Aquileo J. Echeverría, máximo poeta nacional, autor de Concherías ; con Pio Víquez, Director de "El Heraldo"; con Ricardo Fernández Guardia y otros escritores más de esclarecido linaje. Darío viajó en asocio de su esposa, Rafaela Contreras, hija del gran tribuno hondureño Don

Álvaro Contreras. En San José les advino el primogénito: Rubén Darío Contreras.

Vuelto Rubén a Guatemala en 1892, optó por ejercer el periodismo, editando "El Correo de la Tarde". Ya comenzaba a domiciliarse en la tierra de la eterna primavera, cuando el Gobierno de Nicaragua lo designó Delegado a las festividades del Cuarto Centenario de Colón, que se celebraría en Madrid.

Y así le vemos partir, camino de la culta Europa, es decir, camino del apoteosis.

CAPÍTULO III: DON MORAZÁN

"Juan Ramón Molina (1875—1908) fue, ante todo, poeta. Se incorporó a la corriente modernista, pero a lo largo de su obra perdura el recuerdo de Bécquer y, a veces, el de Díaz Mirón en su primera época. Su vida fue pródiga en inquietudes. Actuó en la vida pública, fue hombre de Gobierno, estuvo preso por causas políticas y hubo un día en que se echó el fusil al hombro como revolucionario".

MAX HENRIQUEZ UREÑA

Hemos dado una idea del medio cultural donde Molina comenzaba a figurar en 1892, cuando dispuso pasarse unas breves vacaciones en Honduras. De buenas a primeras, vino a encontrarse con la gusanera de una guerra civil que hacía su agosto en el cuerpo de la Patria paralítica.

Historiemos brevemente: en noviembre del año anterior, había tomado posesión el Presidente Ponciano Leiva; pero su elección fue considerada fraudulenta por los partidarios del Doctor Policarpo Bonilla, y así sobrevino el caos. Las asonadas cundieron por los cuatro rumbos. Leiva trató de disolver el Partido Liberal, persiguiendo a sus principales dirigentes, y el 8 de mayo de 1892 fueron extrañados del territorio nacional los Generales Dionisio Gutiérrez, Erasmo Velásquez, José María Reina y Miguel R. Dávila, junto con los Abogados Miguel Oquelí Bustillo y Enrique Lozano . Estos sucesos dieron motivo al levantamiento del Coronel Leonardo Nuila en La Ceiba, proclamando Presidente al Doctor Bonilla, al tiempo que salían numerosos rebeldes con destino a Nicaragua. Pero Nuila fue batido en Quiebra—Botija y pasado por las armas allí mismo. Idéntica suerte corrieron otros jefes sublevados. El drama tomó entonces los contornos de una carnicería monstruosa. Y se repitió el duelo de siempre: hermano contra hermano y padre contra hijo.

Ya puede uno imaginarse la impresión que esa púrpura dejara en el albo lienzo de un alma sensitiva; el asco que esa podredumbre pudo causar en el poeta que venía de un centro de alta cultura, donde había dialogado con los más conspicuos intelectuales, artistas y hombres de ciencia, sin excluir al propio Rubén Darío, con quien hizo una amistad honda y firme, al grado de que varios años después el Sumo Pontífice Modernista le escribió desde Buenos Aires ofreciéndole oportunidades propicias al desarrollo de su extraordinario talento.

Ese cuadro sangriento, pues, fue el que le inspiró su "Adiós a Honduras", poema que es algo así como un pentateuco de liberación.

Juan Ramón estaba, decimos, con un pie en el Bachillerato y el otro en la Literatura. El de acá, por ser el derecho, pesaba un poco más. Entonces sacó el izquierdo y calzó sandalia errante con rumbo a Quezaltenango, la embrujadora Xelajú de la leyenda. Era a fines de 1893, y llevaba por compañero de aventuras a otro hondureño inquieto: Antonio Cerrato Andino.

Quezaltenango es un poema de piedra y cielo suspenso en la eternidad. Es la patria de la rosa; el altar de la esperanza, la sinfonía del amor. Id por sus calles evocadoras y gustaréis de claveles y sonrisas a granel. Desde los balcones, fulgurantes ojos negros iluminan vuestros pasos; y, en caminando más lejos, hallaréis al indio en su digna serenidad de precursor, al indio que acaricia la nerviosa espalda de su marimba, "el indígena instrumento de teclado de madera —que nos habla de sus tiempos victoriosos—, de Ixinché y de Copán; —de su rey Kikab el Grande, de su gran Balúm Votán—; de sus épicos colosos —de sus héroes de hierro, libres, grandes bajo el sol— que infundieron la pavura, con su arrojo y su bravura en el ánimo aguerrido del intrépido español!" .

Quién es aquel que, al visitar Quezaltenango, no se siente subyugado por los hechizos de su encantamiento? Si no, que lo diga Carlos Wyld Ospina, quién, siendo nativo de Antigua Guatemala, se acogió de por vida a la hospitalidad de aquella noble capital altense, a la que él bautizó como La Ciudad de las Cumbres.

Ya en una época muy posterior, hubo de plantar su tienda en Quezaltenango aquel beduino de la melancolía que se llamó Porfirio Barba—Jacob, alias Ricardo Arenales, Miguel Ángel Osorio, Main Ximénez, y quien sabe qué más... ¡Satanás! ¡Satanás! Y aquel antioqueño agregó la llamó La Ciudad de la Estrella, en un poema crepuscular de prodigiosas irisaciones.

En tiempos de la Federación, y por causa de fricciones habidas con el Gobierno Central de Guatemala, esa próvida región se constituyó en Estado libre con el nombre de Los Altos. Su hegemonía data desde antes de la Conquista, pues a la llegada de Don Pedro de Alvarado era un poderoso centro de acción comercial y cultural. Allí radicaba el mejor núcleo de la raza autóctona, cuya sobrevivencia hasta nuestros días ha llamado la atención de historiadores, sociólogos y antropólogos, pues tanto en la propia Xelajú como en pueblos aledaños, —Totonicapán, Zunil, San Marcos, Chichicastenango, etcétera—, subsisten comunidades con atributos muy superiores, en lo racial, lo cultural y lo económico, si se comparan con muchos otros sectores de la América Latina. Este aspecto reviste singular significación aún dentro de la misma Guatemala. El atuendo de cada comunidad, de un colorido estridente, hecho con tela recamada de oro y plata, les diferencia sensiblemente de las demás, aunque disten entre sí una sola legua, o menos.

Ese sector es talvez el único de la Tierra donde el indio no se siente inferiorizado. Por el contrario, vive muy pagado de su condición de tal. Quien busque el escudo de la dignidad autóctona, que vaya a Quezaltenango, pues allí lo encontrará!

Por la belleza de sus construcciones, esta urbe nada tiene que envidiar a las otras capitales. Lo más extraordinario del caso es que sus mejores edificios—Teatro Municipal, Palacio de Gobernación, Palacio Municipal— son obra de arquitectos criollos, de indígenas empíricos que, al margen de las academias, lograron superar sus deficiencias con el fuego de la inspiración creadora.

En 1902, el volcán Santamaría, centinela y padrino de la ciudad, montó en cólera contra ésta, sabe Dios por qué motivos, y comenzó a cañonearla con tal furia que en pocas horas la destruyó. Fue una tragedia cuya conmoción cubrió todo el Continente. ¡Nadie podría creer que un volcán tan pintoresco y tan manso a los besos del crepúsculo —un seno erguido tratando de romper la blusa azul del cielo, como dijera un fino poeta— sea capaz de tan crueles travesuras!

Pero la ciudad, Ave Fénix de este siglo, resucitó de sus propias cenizas, y hoy como ayer sigue pasando por allí el meridiano de la cultura, esto es, el meridiano de las ciencias, las artes y las letras.

Otra característica del pueblo altense es su inquebrantable devoción centroamericanista. Quezaltenango se hace llamar la ciudad más unionista de la América Central; y a fe que es difícil encontrar en el Istmo otra localidad con mayor dosis de la sagrada pasión. El Unionismo allí, más que un ideal es una religión: y después de Dios la figura más venerada es Morazán. También suele pronunciarse con unción el nombre de Justo Rufino Barrios, pero es más en atención a aquella gran cruzada que terminó en Chalchuapa en abril de 1885, que al hecho de tener el Reformador enterrado allí su ombligo. Un hermoso obelisco perpetúa la memoria de aquel bizarro lugarteniente del General García Granados.

Pues bien: la urbe de que se hace mérito es la que recibió en su regazo al brioso aeda, quien ya ejercitaba con buen suceso su pubertad creadora. No había errado el novel arquero, al erigir a Quezaltenango en meca de sus andanzas, pues además de un paisaje susceptible de inspirar, no a un poeta en singular sino a muchas generaciones de poetas, existía la sólida montadura de una tradición artístico—literaria capaz de resistir el parangón con los círculos más cultos de la época. Efectivamente, de la Ciudad de Las Cumbres han surgido finos poetas, delicados artistas y eminentes hombres de ciencia. Bástenos con mencionar tres nombres: Alberto Velásquez, quien en asocio de Rafael Arévalo Martínez, comparte la jefatura del movimiento neo—modernista de Guatemala; Jesús Castillo, compositor no superado aún, y Rodolfo Robles, médico, descubridor del microbio que produce la enfermedad llamada oncocercosis. Mas, amén de tales nombres, es bien dilatado y ancho el registro de valores.

Al tiempo de llegar Molina, circulaban tres periódicos importantes: Diario de Occidente, El Porvenir y El Bien Público, así como dos Revistas mensuales: "El estudiante", de los alumnos del Instituto de Occidente, y "La Escuela de Artes y Oficios", editada por los muchachos de aquel establecimiento. El apolíneo hondureño, muy pagado de sí, encontró propicio ambiente, tanto en lo social como en lo intelectual. Sustituyendo al Poeta Juan Francisco Rodríguez Méndez, quien recién se había suicidado, entró a trabajar como redactor de "El Bien Público", órgano cuya dirección hubo de asumir después, al menos temporalmente.

Por otra parte, el Instituto de Varones, dirigido por Don Tránsito Dávila, le abrió sus aulas para que prosiguiera sus estudios hasta graduarse de Bachiller, logrado lo cual, pasó a ejercer como catedrático de Literatura y Declamación. Era el año de 1894. Al mismo tiempo, se inscribía como alumno en la Escuela de Derecho.

Fue entonces cuando pasó por Centroamérica un filósofo de moda, llamado Ramón Verea, a la sazón en el disfrute de su amplio magisterio. Correspondió a Juan Ramón el honor de saludarlo a nombre de las letras quezaltecas, en una hermosa velada que se preparó al efecto.

Entre las personas que rectoraban la inquietud altense, merecen un recuerdo las hermanas Jesús La Parra—más conocida como La Poetisa Mística— y Vicenta La Parra de la Cerda, precursora del teatro nacional guatemalteco; el sabio Doctor José Antonio Aparicio, quien dictaba algunas cátedras en el Instituto ya citado, y el caballero salvadoreño Don Antonio Grimaldi, panegirista de Morazán, quien se había domiciliado en compañía de su hija María, joven e inspirada poetisa.

Juan Ramón Molina dejó en Quezaltenango una fecunda y trascendente huella. La bienaventuranza de su recuerdo pone todavía hostias de admiración en los labios de hombres y mujeres, de niños y ancianos. Su labor de orientación a través de la prensa se complementó admirablemente con su obra docente. Se le llamaba familiarmente DON JUAN RAMÓN. Aunque por su origen hibuerense, su perfil de corte griego y la barba calzada—estilo prócer— que por entonces usaba, le apodaban cariñosamente DON MORAZÁN.

Sus enseñanzas estimularon el fervor por la belleza, y entre sus discípulos formaban fila bisoños poetas y escritores que, con el tiempo, ganarían merecido renombre. De aquella hornada son: Alberto Rubio, Osmundo Arriola, Enrique de León Rubio, Rodolfo Calderón Pardo, Carlos H. Varela, Emiro Fuensanta, Feliciano Amaya Espada, y otros. Pero la verdadera proyección de su cosecha vino a aflorar con la generación de Alberto Velásquez, durante el primer cuarto del presente siglo. En esta plana cuentan: Juan José Díaz Manrique, el poeta de "Laureles y Crespones"; J. Alfredo García, Ministro del Señor y servidor de la cultura; Efrén Castillo, periodista y poeta, amigo y compañero de Barba—Jacob; Adolfo Drago—Bracco, dramaturgo y poeta laureado; Daniel Armas, pedagogo notable, autor de bellos cuentos infantiles en prosa y verso; Carlos H. Martínez, Belisario y Antonio Escoto, Alberto Fuentes Castillo — bisnieto de Morazán — Alfonso H. Quetzales, Adela Toledo, etc.

Esa brillante promoción, sirvió de antecedente a la obra de algunos valores contemporáneos, como Víctor Villagrán Amaya, Alfonso Hurtado Espinoza, J. Antonio de la Roca, Flavio Ovalle Manrique, Olga Martínez Torres, Víctor Salvador de León Toledo, Jaime Díaz Rossoto, Orando Vitola, Thelma del Río—golondrina de azul derribada en pleno vuelo —, Jorge Ibarra, Víctor Meléndez y Ara, René Augusto Flores, Humberto Alvarado, Werner Ovalle López, Arqueles Morales y muchos más.

Fue en Quezaltenango donde Juan Ramón Molina comenzó a sacudirle a sus sandalias el polvo de las andadas románticas, enfilando hacia el parnasianismo, actitud que estimulaba el culto a la forma helénica y a la esplendidez ornamental. El periodismo fue su trampolín para poder alcanzar un cabal dominio de la expresión. Las lecturas harían lo demás, y en ese aspecto ya tenía por adelantado valioso material en las tertulias, ya lejanas, de Guatemala, donde, en contacto con clásicos de casa y de Ultramar, le fue dable intuir nuevos acentos para revitalizar el Habla, tornándola más flexible, más fresca y más brillante. Ese fue su pasaporte de ingreso al Modernismo, en la forma que se explicará más adelante.

Los poemas que solía recomendar en su clase de Declamación, eran, entre otros: El Pirata, de Espronceda; Treinta Años, de Núñez de Arce; El Niágara, de Heredia; El Desertor, de Díaz Mirón, y así por el estilo. Ellos nos dan una idea de su momento anímico.

Allá en la Ciudad de la Estrella; allá cerca del cielo, donde las nubes duermen apersogadas en los postes del telégrafo; en aquella altura olímpica, el bardo de las Hibueras exaltaría su complejo de superioridad, mirando por sobre el hombro a los demás mortales. Fue entonces cuando esbozó los trazos de su gran poema "El Águila", al tiempo que escribía una página de prosa, grandilocuente y optimista, bajo el título de "Excelsior", donde refleja la tónica del hombre que ha nacido para la lucha y para la Victoria.

"Vuela siempre hacia arriba, hacia la cúspide del monte coronado de águilas, hacia la gloria de la luz. No lleves en tu garra de hierro las piltrafas de las carnes de tu enemigo: ni en tu ojo rutilante el fuego del odio que sientas por él; ni en tu pico, hecho para partir las viscosas víboras, el rastro de la sangre de su corazón. Vuela a lo alto, limpio el plumaje de la ciénaga de la vida. No seas el buitre de ningún Prometeo"...

"Sube, sube, sube; y si bajas, si quieres bajar, baja prendido a la crin de los huracanes. Vive con dignidad bajo el sol. Vuélvete a los ocasos y salúdalos también. En tu roca no deben crearse musgos raquíticos, ni yerbas venenosas ni cactus enconados. Abate el vuelo en las selvas clásicas y en los bosques románticos. Forma tu nido con laurel y encina. Bebe luz a torrentes. Domina desde tu altura todos los horizontes, sigue la dirección de todos los vientos, estremécete bajo todos los soplos del cielo. Pon el oído a los rumores de la muchedumbre, a las palabras del abismo, a la voz de los espíritus"...

"Hazte olímpico. Endiosate, si puedes. De pura tu miserable barro. Porque en verdad te digo, que el que quiere ser superior, el que aspira a subir a las encumbradas regiones del Arte, el que siente que tiene alas en los hombros, debe olvidarse de las infinitas miserias humanas, de las injusticias de la suerte, de las burlas del destino y debe esperar, con el ánimo del justo, aunque el dolor le tienda su arco, la hora cierta del triunfo de la razón, la hora de Dios; hora que ha llegado, que está llegando, que llegará siempre aunque los réprobos y los malvados se multipliquen como los peces del mar y los insectos de la tierra".

Otra prosa de igual o mayor belleza es la llamada Mística, inspirada por una damita quezalteca. Comienza así:

"En los brillantes candelabros de plata, los cirios de cera pálida formaban como un bosque armonioso donde florecían las llamas, semejantes a rosas de fuego. El órgano sollozaba, se lamentaba, gemía larga, ronca, profundamente, enviando su música grave bajo los arcos de piedra del templo del Señor. Sobre el altar, en la eminente cúpula, en un fondo de azur constelado de astros de oro, los Padres de la Iglesia alzaban, en beatitud extática, los brazos y los ojos al cielo, en ademán de implorar al Omnipotente. En el fondo del altar, en un círculo de querubines, de rosas y de ángeles blondos, en una apoteosis de palmas de plata y de pendones místicos, en un incendio de luces y de resplandores, estaba la Virgen María, atravesado el corazón por un puñal resplandeciente; y a sus pies, en las primeras gradas de la capilla, veíanse las ofrendas, las coronas de laurel, los ramos de esmalte, todo un jardín irisado y artificial: y, más abajo, sobre las frías baldosas, y más allá, bajo las arcadas, en la claridad de las grandes puertas, estaban humildemente de hinojos los ancianos creyentes, las viejas devotas, los niños pensativos, la numerosa grey, el rebaño místico, todos los fieles a las banderas de Cristo: y por sobre esa multitud en adoración, luego que calló el órgano y que pasaron los rezos y las letanías, volaron dulcemente, alzándose a lo lejos como una bandada de alondras, los cánticos de un coro de vírgenes, cánticos claros, puros, cristalinos, como si hubiesen resucitado los buenos tiempos en que la Fe Terrible fortaleció las almas de los hombres!...".

Fue entonces también cuando redondeó su soneto A una Virgen, como ofrenda a la misma musa, que lo tenía hechizado:

Yo adoro tus dos trenzas magníficas y oscuras,
tu frente sin mancilla, donde el pesar se ve;
tus grandes ojos tristes poblados de ternuras,
que con mis labios trémulos y ardientes cerraré;

Tus pálidas mejillas de pálidas alburas,
tu boca en cuyo aliento la gloria beberé;
tu cuello que envidiaran las vírgenes más puras,
tus hombros y tu talle, tus manos y tu pie.

Amo también tu espíritu frágil y visionario,
frágil y visionario, dulce y extraordinario
que se encarnó en tus formas tranquilas de vestal.

Y llegaré a tus brazos, a mi pasión abiertos,
como las naves llegan a los ansiados puertos
venciendo los escollos del piélago fatal.

Por ese tiempo, vientos de libertad sacudían el alma de Hispanoamérica. La independencia cubana era la tea de Martí, y por doquier insurgían voces airadas contra la opresión, ya política, ya económica o social.

En México bramaba el verbo ronco de Salvador Díaz Mirón y su poesía —nuevo Caballo de Atila— quemaba como plomo derretido. Muchos polluelos siguieron tras la estela diazmironiana. Amén de Altamirano en México y Almafuerte en la Argentina, montaron rojo corcel González Prada y Chocano en el Perú, e igualmente Blanco Fombona en Venezuela. Los pujos de este titán sumieron en constante pesadilla a Juan Vicente Gómez, y la ternura de sus endechas adormecía de amor a muchas evas de América y Europa.

La América Central no estuvo sorda a esos reclamos. Mientras desde la cárcel de Guatemala Ismael Cerna apostrofaba, en candente endecasílabo, a Justo Rufino Barrios, —"¿qué? Ya ves que ni moverme puedo— y aún puedo desafiar tu orgullo vano. A mí no logras infundirme miedo —con tus iras imbéciles, tirano—. José Antonio Domínguez, en Honduras, a través de su soneto "La Musa Heroica", instaba a los poetas a erguirse altivos "en la social pelea". Juan Ramón Molina, haciendo lo propio desde su tribuna de Quezaltenango, le decía:

A UN PERIODISTA

Que una tizona en tus valientes manos
la noble pluma con que escribes sea,
para entrar indignado en la pelea
a herir traidores y a matar tiranos.

Haz que muerdan el polvo los vilanos:
a áulicos y serviles pisotea,
infunde a aquel que tus escritos lea
fuerza de acción y alientos soberanos.

Que tu rotunda y magistral palabra
tocando cráneos en la plebe estoica
agujeros de luz en ellos abra;

y de allí surja hermosa y fulgurante
la libertad, como Minerva heroica
de la cerviz de Júpiter tonante.

Como se verá después, Domínguez y Molina fueron muy buenos amigos y a ambos les estaba reservada la gloria de compartir la jefatura del movimiento modernista hondureño, aglutinando de esa manera al más brillante grupo de literatos que ha dado la Patria de Lempira, desde la Independencia hasta nuestros días.

CAPÍTULO IV: VUELA CON EL ÁGUILA

Nueva Presencia en Ciudad Guatemala. —Mal de Patria. —"El Águila".

I

Yo lo recuerdo por su modo
y por su orgullo de gran señor;
porque cuando hablaba, todo
irradiaba en su derredor....

Porque vivió siempre beodo
de ideales, de ensueño y de amor:
y sobre su cuerpo de lodo
su cerebro era un gran fulgor.

Y unió con fuerza y con ira
al arco de oro de la lira
la espada del Conquistador.
¡Y sólo prestó acatamiento
a los príncipes del talento
y a las marquesas del amor!

II

Vuelves trayendo cual Sigfrido
la espada Victoriosa y fuerte:
y si el laurel se ha estremecido
tu ceniza en luz se convierte....

Pero, cuánto tiempo sin verte!
Oh, el bienamado y bienvenido!
¡El rey que triunfa de la Muerte
y del Dolor y del Olvido!

Te dice el río: ¡hermano mío!
los montes ebrios de rocío
brindan su miel a tu león;

y con dolorosa alegría
la alondra canta: ya es de día,
¡Juan Ramón! ¡Juan Ramón!

RAFAEL HELIODORO VALLE.

Después de una ausencia de casi cuatro años, Molina se reintegra a Guatemala, dispuesto a saturarse de las duras disciplinas de Justiniano y a hacer la digestión de códigos, pandectas e institutas. Pero al sólo poner el pie en los umbrales de la Universidad, una mano poderosa le da el halón misterioso que lo lanza a media calle, sumiéndolo en el remolino de la pasión poética. Era la mano del Destino, de su propio destino, glorioso y trágico a la vez.

David Vela, en breve ensayo intitulado "Rastros de Juan Ramón Molina", refiriéndose a esta parte de su vida, dice: "En 1896 está de nuevo Juan Ramón Molina en Guatemala, y vive con pobreza de estudiante y mal ocultas aspiraciones de gran señor. El dos de abril pronuncia un discurso ante el monumento del General Justo Rufino Barrios, cuyo texto editó después la Tipografiá Nacional, tratando de preferencia el problema de la Unión Centroamericana y la necesidad de reintegrarnos a una Patria más grande y digna. En ese mismo año colabora en "La Ilustración Guatemalteca", publicando Plenilunio, soneto en que se advierte su novedoso pincel de gran paisajista...".

El soneto en mención es éste:

Pálida luna: tu fulgor de plata
que tras las noches lóbregas vacila,
por la callada inmensidad tranquila
en impalpables rayos se dilata.

Te toca el ruiseñor su serenata
desde la rama que en el bosque oscila,

> y, en tu redonda y mágica pupila,
> una mortal tristeza se retrata.
>
> La impenetrable lobreguez alegras,
> cuando surges —ciñendo tu aureola—
> tras las montañas ásperas y negras;
>
> Y ronco te saluda con sonantes
> salvas el mar, al remontarte sola
> sobre sus vastas aguas palpitantes.

Su producción de esta época es copiosa y sólida. Ya ha sacado su carta de ciudadanía modernista y su patente de precursor. De entonces dala su soneto A la Exposición Centroamericana, en que condena el error de la desunión y considera llegada la hora de que las cinco hermanas se sienten a la mesa familiar, iluminadas por un solo pensamiento y cohesionadas por una sola voluntad. Tanto su poesía como su prosa van experimentando una especial transfiguración.

"Diario de Centroamérica", fundado allá por 1880 y que entonces dirigía Don Alberto Beteta, le ofrece sus columnas, y allí publica por primera vez su gran poema El Águila, que pronto habría de figurar en "Honduras Literaria", antología de prosa y verso preparada en Tegucigalpa por Rómulo E. Durón. Otro trabajo suyo de gran valor es un artículo que se refiere al Nuevo Mundo.

En verso buriló un recordatorio para Julián del Casal, aquel cubanito atormentado por "el mal del siglo", autor de Nieves y Bustos, de Rimas y de Hojas al Viento, iniciador como Martí; y quien, un año antes de su muerte, tuvo el agrado de conocer a Rubén Darío en La Habana, cuando éste caminaba rumbo a Europa.

La producción de Molina avanza cada vez hacia planos superiores. La "Ilustración Guatemalteca" le publica ciertas estructuras líricas bajo el nombre genérico de "Intimas", que llaman la atención por su finura y originalidad. Atisbos de tal atrevimiento no hacían su aparición desde las célebres "Rimas", de Béquer, y las "Doloras y Humoradas", de Campoamor:

Mi corazón se volverá una rosa,
mi cerebro azulada mariposa
y mi cuerpo un trigal;
y con la miel que mis entraña crispa
en el ramaje formará la avispa
dulcísimo panal.

Tan apasionado y vivo
fue el beso que de repente
te dí sobre el labio esquivo
que con ese beso vivo
besándote eternamente!

Yo conozco también el cuervo lúgubre
que viera Poe, el soñador maldito,
en su morada entrar:
y ha contestado con su voz sarcástica
a todas las preguntas que le he hecho:
¡Jamás! ¡Jamás! ¡Jamás!

Hay base para creer que se han quedado sin publicar varias de estas composiciones, primas hermanas de la endecha, de la balada y del madrigal, por más que algunas aparecieron como hojas del "Libro del Alma":

Al expirar la desgraciada niña
ni un lamento se oyó,
sólo una golondrina en un alero
muy triste se quejó.

Ni una lágrima tierna al enterrarla
fue la tierra a mojar,
sólo la aurora derramó en su huesa
su llanto matinal.

Ni una corona, ni una flor sencilla
en su tumba se ve.

sólo, quizá arraigando en sus entrañas.
ha brotado un ciprés.

Todos han olvidado ya a la huérfana
que yace en el panteón,
sólo, para que viva en este mundo,
nunca la olvido yo!

Al contármelo, en el alma
sentí una pena infinita
y llorando te maldije,
te maldije, vida mía;
pero al mirar en tu rostro
tu casta y dulce sonrisa,
dije con voz temblorosa
que la indignación subía:
¡No es posible lo que cuentan!
¡lo que cuentan es mentira!

Dicen que rompes en burlonas risas
cuando te hablan de mí,
y yo también me suelto en carcajadas
cuando me hablan de ti.

De esta manera no se sabe a fijo
quién tiene la razón,
más, si quieres saberlo, pon la mano
sobre tu corazón.

Aunque alevosamente
me insultas por detrás con voz airada
cediendo al aguijón de tus enojos,
bien sabes que si clavo en esa frente
un momento siquiera la mirada,
¡pálida y triste bajarás los ojos!

Después de una nota consagrada a Pérez Escrich, Molina publica finalmente su poema Anhelo, no tan importante por sus esencias líricas cuanto por encerrar el germen de una prematura melancolía que en breve tiempo irá debilitando el penacho de sus inveteradas rebeldías. De ese mismo tiempo data La Calavera del Loco, poema que el autor dedicó a Flavio Guillén, el ilustre educador chiapaneco, quien años después ocuparía la Gobernación de su Estado natal, que forma parte de los Estados Unidos Mexicanos.

El licor y el sexo le hacían ya, con más frecuencia "sus misteriosas señas", invitándole a degustar hasta límites exhaustivos la rubia miel de refinados paraísos. Y él obedecía dócilmente. porque traía la flor de lis del suplicio tatuada en la viva piel. Ya se encargarían de todo lo demás las lecturas de Poe, Baudelaire, Nórdau, Wylde, Silva, Herrera y Reissig, Vargas Vila y Compañía....

En 1897, víctima del "mal de patria", dispone regresar a Honduras. Su situación financiera es en manera alguna halagüeña; pero sus hermanos guatemaltecos lo apoyan una vez más para que pueda realizar el viaje. Llega a Tegucigalpa y da a conocer varios de sus mejores poemas. En el tomo en verso de "Honduras Literaria" hacen su aparición definitiva: "El Águila", "Después que Muera" y "La Hora Final", así como una serie de sonetos finamente cincelados: "Al Sol", "La muerte del León", "La Caída de Luzbel", "Vino Tinto", "La Ola", "Viendo el Mar", "La Selva", "El Jardín", "Nerón", "La Fragua", "Ante el Espejo" y "A Una Virgen".

CAPÍTULO V: DETENIDO Y HUMILLADO

"...Nació este poeta en Tegucigalpa, Capital de la República de Honduras, en nuestra Pentápolis centroamericana. Quiere decir que es el hijo incubado en las entrañas de la patria chica. Estamos aquí frente al caos doloroso, entre otros, de Juan Ramón Molina. Su gran numen, con una atracción fatal hacia el terruño, fue su condenación. Rubén Darío y Gómez Carrillo, obedeciendo al mandato imperativo de predestinación, se amarraron la sandalia a tiempo y dejaron atrás, en el éxodo glorioso, a las beocias repúblicas maternales. Molina, en cambio, vivió circunscrito a la aldea natal, y la aldea natal, que no podía perdonarle la superioridad de su genio, se vengó de él, crucificándole el numen primero, y enclavando después al hombre en el madero de la miseria y haciéndole apurar en el instante final toda la acritud de su fracaso...

Molina, dicho está, no fue, no pudo haber sido lo que se llama un poeta temperante. La mediocridad y la temperancia son a menudo dos cosas unidas por un signo de identidad. Sólo los poetas mediocres se preocupan de ser castos y temperantes, para defender lo que ellos llaman "la virginidad de su numen". Molina era un poeta desaforadamente dionisíaco. Cuando le conocí —lo recuerdo bien— sus borracheras cotidianas eran el escándalo de su parroquia. El alcohol, este hermano de los grandes poetas malditos, fue su ángel bueno, su más constante Cirineo en el dolor y el infortunio. Él no bebió absintio en las mesas de los cafés ilustres. Como Paul Verlaine, bebió en sospechosos fondines un néctar blanco, más terrible todavía que el de las negras visiones poeneanas. Pero el aguardiante, aquel alcohol de vergüenza y de infamia que él ingería en compañía de bandidos y prostitutas, fue para él como un seno mágico que le nutrió las más acerbas y hermosas canciones...

SALATIEL ROSALES.

En regresando a Honduras, Juan Ramón intenta una vez más continuar sus estudios de Derecho, convencido de que las bellas letras, si bien proporcionan honor y nombradía, son incapaces de asegurar por sí solas un nivel mínimo de bienestar. Sabe bien que el poeta de su siglo es una especie de paria, obligado a vivir a salto de mata, hasta que un día lo crucifican en contra madero de la incomprensión.

Si a la luz de nuestro tiempo los artistas tienen que andar las de Caín para cubrir las exigencias de una vida medianamente aceptable, ya podéis imaginaros la edad aquella en que al poeta se le consideraba como un ente espiritual, divino casi, que vivía del aire, ajeno, por lo tanto, a las necesidades de los demás mortales. Al aedo se le rendía una genuflexión, o se le colocaba una flor en el ojal, pero jamás se le ofrecía una oportunidad material por el temor de lastimar su dignidad ultrasensible...

No obstante la vigencia de aquel criterio paradojal, el Gobernante de turno, Doctor Policarpo Bonilla, hombre de ancho miraje y profunda ilustración, llamó al recién llegado para ofrecerle la Sub Secretaría de Fomento y Obras Públicas. Y Molina aceptó el cargo porque éste, amén de ser un medio de servir a la Nación, le representaba el chance de asegurarse una subsistencia decorosa.

"Molina, no siendo filósofo como Reyes (el Padre José Trinidad, autor de Las Pastorelas) no se contentaba con reír cuando el estómago lloraba...".

Pero al poco tiempo de actuaciones, su espíritu reacio a complacencias y compadrazgos, sufrió fuerte desengaño al constatar cuánta ropa sucia flota en las aguas pestilentes de la política criolla. Por eso, sintiendo verdadera lástima hacia aquellos funcionarios que, según su decir, se pegan como ostras a la roca oficial, interpuso la renuncia para volver a su arena favorita: el periodismo.

Ahí sí, el calamar estaba en su tinta. Actuando. ¡Y qué actuación!

Atacando y aguantando. Nuevo Quijote contra el molino de los intereses creados. ¡...Cómo había de malandrines y follones, gordas las posaderas de tanto exprimir las ubres presupuestarias!

De este modo le vemos fundar el diario independiente "El Cronista" cuyo primer número vio la luz el 28 de agosto de 1898, habiéndose mantenido hasta el 15 de julio del año siguiente. Dos días después, o sea el 17 de julio de 1899, El Cronista se fundía con El Diario, formándose El Diario de Honduras, bajo la dirección del propio Molina y fungiendo como Gerente el General José María Valladares, propietario de la "Imprenta Popular".

Víctor Cáceres Lara, historiador y poeta de aquilatado prestigio, reconstruyendo las huellas de Juan Ramón Molina, al tocar este pasaje, nos relata: "Durante este tiempo el poeta realizó una labor múltiple y de muy valioso contenido. En algunas oportunidades ejerció con magnífico éxito la oratoria. Otras veces, con el seudónimo de Don Diniz escribió artículos de crítica literaria, más bien terribles invectivas contra elementos que no escribían como él deseaba que se escribiera, o que le caían mal por algún motivo. Muy raras veces publicó poemas suyos en la columnas de su periódico; pero sí en una ocasión y por primera vez en Honduras, su gran poema El Águila. También por ese tiempo el pueblo hondureño leyó numerosas poemas suyos en el tomo en verso de Honduras Literaria, afirmándose, de manera definitiva, su prestigio de príncipe de las letras nacionales...

En 1898 intervino en la política vernácula, ayudando a la candidatura del General Terencio Sierra, de quien se consideraba amigo personal. Por desgracia, la misma noche en que se celebraba la transmisión pacífica del mando, el 1° de febrero de 1899, el autócrata lo hizo echar de palacio porque se permitió sugerirle ideas de Gobierno en un brindis que hizo. El 14 de abril de 1900, Molina insertó en Diario de Honduras un apólogo de Benjamín Franklin llamado "Un Hacha qué Afilar", y a consecuencia de este acto que el gobernante consideró hostil, fue puesto en prisión y se le mandó a trabajos forzados sin la más mínima consideración a sus grandes méritos; a su alta investidura de sumo pontífice de las letras nacionales. Es necesario decir, para que se comprenda hasta dónde eran de espesas las sombras de este tiempo, que no hubo una voz, una tan sola, que públicamente denunciara el atropello que se hacía a la persona de Juan Ramón Molina y la violación de principios contenidos en la Carta Fundamental que había suscrito el mismo Terencio Sierra como Diputado por Tegucigalpa.

El propio "Diario de Honduras" se hizo el disimulado y se concretó sólo a publicar una gacetilla hablando del retiro de Juan Ramón de la dirección del Diario...".

La relación anterior contiene dos aspectos que ameritan comentario: las invectivas de Molina contra personajes e instituciones de Honduras y del exterior, y su prisión acompañada de trabajos forzados.

Son dignos de mención los ataques virulentos contra don Agustín Mencos Franco, historiador y poeta guatemalteco, de filiación conservadora; contra don Antonio Batres Jáuregui, también historiador de gran prestancia, amén de diplomático y lingüista; contra la Real Academia de la Lengua; contra el mismo Ramón Verea, cuyo panegírico hiciera él, años atrás allá en Quezaltenango, y, en fin, contra todo lo que hallaba por delante cuando el demonio de la destrucción se le metía en el cuerpo.

Es también famosa su polémica con el periodista Ricardo Contreras, quien en su órgano El Avisador publicó una serie de artículos acerca de Justo Rufino Barrios, juzgándolo superior a Morazán. Hay que ver cómo reacciona Molina, castigando semejante herejía. Y lo hace en una prosa que no por comedida es menos fuerte, reconociendo capacidades en el periodista Contreras y excelentes atributos en la persona del Reformador. Llama la atención este comedimiento, bastante desusado por cierto en sus tácticas de lucha. Pero es que él mismo sentía admiración hacia don Justo Rufino Barrios, tal como lo probara el 2 de abril de1896, en Guatemala, en aquel discurso que le comisionó el Presidente Reina Barrios, sobrino de don Justo Rufino.

Él no olvidaba las atenciones de Reina Barrios, quien siempre le honró con su especial estima. El cinco de septiembre de 1897 —para el caso— el Gobernante lo había sentado frente a él en un banquete donde figuraban notables intelectuales como el novelista Enrique Martínez Sobral, el preceptista Francisco Castañeda, el orador Rafael Spínola, el historiógrafo Aguirre Cinta, y otros.

Pero, volviendo a lo de las invectivas, reproduzcamos algunos trozos de las mencionadas, dejando para mejor oportunidad la arremetida brutal contra el poeta colombiano Julio Flórez, y contra sus compatriotas hondureños Ramón Rosa, Álvaro Contreras y Adolfo Zúniga, a quienes él mismo había elogiado en anteriores ocasiones.

En su artículo intitulado Mencos (1902), dice: "He leído casi todo lo que los escritores untramontanos de Guatemala han dicho desde que Mencos soltó la pluma para siempre. Unos le han llamado periodista insigne; otros, concienzudo historiador; muchos, inspirado poeta y brillante literato, y los demás, talento de primer orden, gloria de las letras centroamericanas, etcétera. Sobre el ataúd de Mencos, que era una inteligencia mediocre, todos han ido a arrojar sus prosas vulgares y sus espuertas de ripios. La verdad: no quisiera ser el muerto... Mencos, —ya lo dije—, era una inteligencia mediocre que vagaba en el tránsito de una vida inferior a otra superior. Su morbosa afición por el polvo de los archivos coloniales; su odio africano por todo lo nuevo; su prurito de atacar a los jóvenes porque eran jóvenes; su fanatismo recalcitrante y su estética, contemporánea del megaterio, todo indica que era un tipo retardado en el nuevo movimiento intelectual, que nunca comprendió ni pudo comprender porque no lo permitió su organismo psico—biológico....

Y, saltando varios párrafos del mismo tenor, leemos:

"Yo creo, de muy buena fe, que no fue poeta, ni historiador ni crítico. Como poeta, sus composiciones son pedestres, vulgares y sin inspiración; como historiador, su ensayo sobre Morazán es una urdimbre de embustes y calumnias: y como crítico no tuvo el talento de adivinar que ya no se juzga a los escritores y versificadores con un texto de gramática en la mano, sino con un procedimiento psicológico, del cual Mencos no tuvo idea... Y después de esto, pueden seguir llamándole insigne e ilustre los que no tuvieron un elogio para el admirable Domingo Estrada, el exquisito traductor de Hugo y Poe, el brillante estilista, uno de los más finos intelectuales de la América Central... Pero Estrada no escribió para que lo leyesen las amas de huéspedes, ni elogió a los clericales para que le cantasen responsos a su muerte, ni hizo nada por su gloria... Entregado al nirvana de sus dolores, cuando llegó la muerte, se abandonó en sus brazos como en los de una querida, importándole poco que arrojaran sobre su sepulcro ramos de elogios marchitos, ni que Mencos le calumniase como lo hizo...

El periodismo recalcitrante de Guatemala ha perdido con la muerte de Mencos a uno de sus más sombríos apóstoles, y la crítica valbuenesca a uno de sus mejores discípulos. ¡El arte humano no ha perdido nada!".

Al Doctor Antonio Batres Jáuregui, por un artículo en que este escritor aboga por que se incorporen al léxico castellano algunos términos autóctonos extraídos del quechua, del quiché, del aimara, del azteca y demás lenguas americanas, le hace una violenta réplica encabezada por ataques al autor, de quien dice que no obstante ser tenido en Guatemala como escritor muy competente, no faltan los que afirman que es más el ruido que las nueces y que su erudición es postiza.

Y a propósito de la elección hecha por la Real Academia para llenar la vacante de don Emilio Castelar, elección en la cual, a pesar de las intrigas, obtuvo mayoría el joven novelista Jacinto Octavio Picón, Molina apunta que este mismo hecho da idea del estado decadente de la célebre institución.

"Claro está —prosigue— que los conservadores de la Corporación, que desgraciadamente son los más, intrigaron para que la candidatura de Picón saliera vencida, y hasta faltaron algunos a la sesión; pero, a pesar de sus esfuerzos, el novelista obtuvo el triunfo por un voto, y al fin ha logrado sentarse entre los viejos mochuelos de la Calle Valverde, lo que, por cierto, no es honra mayor... Si no fuera que en ellos hay algunos ingenios distinguidos —Valera, Menéndez y Pelayo, Núñez de Arce, Pereda, Galdós, Campoamor, Echegaray— la tal asociación no valdría nada porque los demás son escritores dogmáticos, sin estilo propio, zurcidores de prosas indigentes y de sonetos arcaicos, o son sabios de pega, chapados a la antigua, atiborrados de una ciencia metafísica y falsa"...

"Así se explica la parcialidad con que las Academias proceden siempre a la elección de algunos de sus miembros, lo mismo que su torpe conducta con hombres de grandes méritos. Así se explica que la Academia Francesa haya postergado hipócritamente a Descartes, Moliére, Rousseau, Balzac, Flaubert y Zola, dándole su voto a cualquier medianía como ha tenido en su seno, desde que el viejo Richelieu la fundó con el propósito de extender la influencia de la lengua francesa en las cortes europeas"...

"La conducta incorrecta de las Academias poco a poco les ha merecido el desprecio de la gente de talento y la rechifla del público, hasta el extremo de que poetas y escritores han ridiculizado cruelmente a sus miembros, haciéndoles blanco de sus sátiras y epigramas... En vista de lo dicho, algunos han pedido y siguen pidiendo que se supriman las tales Academias por inútiles, nocivas... dispendiosas..."

Este era Juan Ramón Molina metido a censor: Catón finisecular.

Menos mal que, desde fuera, el peligro de una represalia era lejano e improbable. Pero usar el mismo termocauterio para las llagas locales, eso sí era coger el toro por los cuernos. Aquí el peligro, cierto e inmediato, estaba en razón inversa del cuadrado de la distancia. Pero él le daba espaldas a la realidad; y si no, leamos la caricatura que hace de Tegucigalpa, esa misma Tegucigalpa que antes y después de él ha sido fuente de inspiración para intelectuales y artistas, nacionales y extranjeros.

"Los domingos tegucigalpenses son un bostezo sin fin. En algo deben asemejarse a los de Londres. Por la mañana, los bronces parroquiales, sonados desapaciblemente, llaman a misa. Se ve por las calles alguna devota asmática o alguna niña en sus floridos abriles, luciendo todos sus alfileres. Concluida la función religiosa, los gomosos locales, verdaderos lechuguinos echados a perder, flirtean en la puerta del templo, con bocas de simio. Da ganas de suicidarse de las doce a las tres de la tarde, tal es la fúnebre desolación de las calles. Cerrados herméticamente los almacenes, donde babeaban soñolientos, tras el mostrador, los mozos aspirantes a mercanchifles, la vida comercial se estanca.

Como son los últimos días de la estación seca, el paseante se expone a caer muerto sobre el empedrado, que parece, lamido por la luz cenital, un deslumbrador reguero de ascuas. No queda más remedio que meterse en las cantinas a beber cerveza o copas de whisky malísimo. O que colarse en el barullo de la tradicional gallera, a hacer, en una atmósfera de tabaco y de macho en celo, apuestas ridículas por el melcocho o el giro. Por la noche, la faz del domingo se espiritualiza. La juventud del día, estirada, con lo mejor de su guardarropa encima, se pasea en el Parque Morazán, en rebaño, fuma detestables pitillos o plebeyos cigarros puros, haciendo la corte a las muchachas lindas, meticulosas y mal trajeadas, todo al son de los cobres de la banda marcial.

A las nueve y media, Tegucigalpa duerme el pesado sueño de las ciudades vegetativas. A pesar de su ligero baño de modernismo, es una población a la antigua, melancólica y bostezante, y sin tráfico ni vida. Quitándole los prestigios del Gobierno, esto se convertiría en un camposanto. Faltan el ir y venir de los carruajes, el rumor de los tranvías, la premura de las gentes ocupadas, el susurro de la colmena humana, inquieta y laboriosa; en fin, todo lo que da carácter a las capitales modernas, arrolladas por los rugidos de las locomotoras y máquinas de vapor. Cuando uno llega a esta población, después de haber vivido en otro país por mucho tiempo, se atedia lastimosamente, casi se ahoga en estas calles torcidas, jibosas, estrechas y empedradas de mal humor.

Pero el ambiente, letárgico y asfixiante, secuela adentro como una pulmonía. El repatriado concluye por echar grasa, andar con paso de plantígrado, hacerle a todo bicho la zalema de reglamento y meterse en las hablillas del vecindario, que es como meterse en un catre con chinches o en un zarzal con garrapatas. Tan cierto es que el hombre tiene que adaptarse a todos los medios, so pena de morirse o de que lo maten".

Hasta aquí la sátira, que por su forma es perfecta, como arrancada de un libro escrito en el Siglo de Oro. Pero en cuanto a su contenido, aun admitiendo que fuese verdad lo dicho, ¿no es capaz de ampollarles la piel a tanto lechuguino, a tanta devota asmática y a tanto gomoso impenitente?

A lo mejor, cualquiera beata de aquellas pudo habérsele acercado, espetándole:

—"Pero, m' hijito, ¿y por qué tantos tufos?... ¿Y diónde sos vos?".

Para retirarse luego, mentándole a la familia hasta su quinta generación.

Este estilo, a veces violento, a veces mordaz —disolvente siempre— le granjeó muy pronto al joven periodista una atmósfera de general antipatía. Las gentes admiraban su talento, pero censuraban su arrogancia y engreimiento. Sufrió provocaciones e insultos a granel, y se vio envuelto en repetidos incidentes de palo y puño, como el escenificado con Rómulo E. Durón en el Parque Morazán. Es el caso que este notable investigador acababa de publicar (1904) un interesante libro sobre la Provincia de Tegucigalpa en el

Gobierno del Alcalde Mallol, por el cual Molina lo atacó groseramente, no obstante que Durón le había prodigado a él amplios elogios en su Honduras Literaria. Como ya se explicó, la cosa vino a desembocar en un intercambio de bastonazos y pescozones, ante la alarma del público, justamente impresionado por la alta nombradía de dos protagonistas.

De otro lado, ya el alcohol comenzaba a erosionar su voluntad, debilitándole los frenos inhibitorios y permitiéndole —por ende— cometer muchos actos fuera de orden. Si en estado de abstinencia era Molina de suyo soberbio y desafiante, ya puede tenerse idea de un Juan Ramón ardiendo al soplo de los nepentes!

En su olímpico desdén hacia todos los intelectuales de entonces, apenas profesaba estimación por una estrecha minoría de compatriotas. Entre otros gozaban de este privilegio los juristas Rafael Alvarado Manzano, Pedro J. Bustillo y Policarpo Bonilla; los literatos: Esteban Guardiola, Froylán Turcios, José Antonio Domínguez, Adán y Augusto Coello, Jeremías Cisneros, Luis Andrés Zúñiga y algún otro. Al General Manuel Bonilla lo consideraba como el Mecenas de Honduras; y a fe que no podía ser de otro modo, pues a este gobernante debía él su pomposo nombramiento de Sub Director de la Escuela Militar, nombramiento puramente ornamental, pues su única función era cantar. Para ese fin, el General Bonilla lo mantenía prácticamente enjaulado en Casa Presidencial, debiendo pedir permiso cada vez que iba a salir, y sin excederse de las nueve postmeridiano. Con dicho régimen se pretendía evitar... ¡O que siempre resultaba inevitable...!

También profesó amistosa devoción al Doctor Alejo S. Lara, a quien dedicó su poema "Águilas y Cóndores", así:

"Para ti, gran inteligencia y gran corazón, que —en el augusto silencio de la amistad— enfloraste mi lira y me tendiste la mano. Mi espíritu augur, a través de la diaria vida mediocre, hace un signo a tu alumna patricia —véneta o florentina —triplemente capaz de amar, sentir y comprender".

El desfavor en torno suyo fue creciendo más aún con sus alardes de paganismo teatral y su ausencia de fe católica en un medio donde, no obstante venir separados la Iglesia y el Estado desde ya lejanos años, los resortes de la religión ejercían un control incuestionable.

En efecto, su literatura de ese tiempo se encuentra saturada de blasfemias y apostasías. Aquel complejo de superioridad, imbíbito en su espíritu desde los propios días de la niñez, la devoción por Federico Niestzche y su pasión hacia ciertas lecturas orientales, lavaron totalmente —así lo decía él— su fe en la palabra de Cristo, que es mansedumbre y amor. Glosemos:

"La crítica histórica del Cristianismo, hecha magistralmente por Strauss, Fuerbach, Bauer y Renán, ha dado en tierra con el edificio fantástico erigido pacientemente desde el Concilio de Nicea. Hoy la gente ilustrada ya sabe a qué atenerse sobre las verdaderas fuentes de la religión nazarena; no ignora a qué manipulaciones se debe el imperio de los cuatro evangelios canónicos, escogidos entre un montón de manuscritos contradictorios y falsificados que databan de los primeros siglos; y atribuye —más que a Cristo y a sus pobres discípulos, ninguno de los cuales, en cuenta el Maestro, dejó escrita una letra por la fácil razón de que eran analfabetos del todo— la Victoria de la Doctrina de Pablo, el más ilustrado y belicoso de sus propagadores, que, como hijo de griego y de judía, reunió en sí la poderosa dialéctica de los helenos y la desordenada, deslumbradora y agresiva imaginación de los semitas, única capaz de crear ese poema llameante que se llama La Biblia. San Pablo ha hecho más por el Cristianismo que todos los discípulos de Jesús, y pagó la broma con su vida, puesto que —si no me trabuco—, Nerón, que tenía ocurrencias peregrinas, lo envió al cielo del Taumaturgo del Gólgota...".

Y en una crónica sobre los horrores de un terremoto acaecido en San Francisco de California, inserta:

"Vayan ustedes a buscar a Dios: bueno, justo y misericordioso, en este enredo de apetitos, pasiones y bajezas! A Dios, al dios de las religiones que hoy privan en el mundo, hay que darle licencia indefinida, si es que él no se la ha tomado, desde el tiempo inmemorial, aburrido de estar de balde, en un cielo que ha desacreditado el telescopio".

Así como las anteriores, podrían hacerse otras tantas acotaciones. Y huelgan los comentarios.

Con tales antecedentes, Molina estaba catalogado como ateo, como una amenaza social, como l'enfant terrible cuyo castigo revestía la urgencia de una obra de utilidad pública. He ahí por qué El Tamagás de Coray, consideró que era el instante de caerle encima, condenándolo a esa Siberia criolla que era la Carretera del Sur. Así lo hizo. Y si en verdad no recibió el beneplácito de ciertas gentes ilustradas, por lo menos contó con su silencio cómplice, mientras los titulares de la mediocridad ensayaban su sonrisa de triunfo. El episodio de su apresamiento se desarrolló como sigue: A eso de las once antemeridiano, Molina fue citado para que compareciera al cuartel San Francisco, donde lo esperaba el Comandante y Gobernador Departamental, Coronel Guadalupe Reyes:

— ¡Estoy dispuesto a pegarte tu jodida por esos ataques al Gobierno!, —rugió el castrense.

El Poeta rechazó el cargo de ataques al Gobierno, explicando que únicamente había hecho reproducir el apólogo de Franklín para llenar un espacio de su periódico, pero sin ánimo de molestar a nadie.

Mas, como el Comandante insistiera en que se estaba aprovechando la libertad de imprenta para atacar a los funcionarios públicos y subvertir el orden, Molina replicó airado, y entonces se trabó una acalorada discusión, preludio de la tormenta que ya se estaba gestando.

Pasado el incidente, Diario de Honduras narraba los hechos en un artículo de dos entregas, bajo el título de "Un Atentado Inaudito", el cual finalizaba con una acre censura al Presidente Sierra por no haber tenido escrúpulo en violar la Constitución Política que él mismo suscribiera como Diputado Constituyente el 14 de octubre de 1894. "La libertad de imprenta —decía— no es una concesión sino garantía constitucional; no es un obsequio que hacen los gobernantes sino una conquista que han alcanzado los pueblos después de ir cayendo y levantándose tras la sombra de la civilización. Ningún Gobierno ha caído por haberla respetado, sino precisamente por lo contrario".

Esto era más que suficiente para exasperar al Tamagaz de Coray. pero lo que más le ardió fue saber que Juan Ramón, en rueda de amigos ebrios, burlándose de su ignorancia, —que de paso, no era tal—, contaba:

— No saben ustedes la última? ¡Pues que el bruto de Sierra mandó capturar a Benjamin Franklin!

Era en 1899, en verano, justo cuando el sol patea recio, hasta sacarnos la lengua por cansancio. Molina compartía su celda con Rubén Núñez Romero, un mestizo de su edad, musculoso como toro de las llanuras sureñas y cabal en el culto de la amistad; lo que se llama en Honduras "hombre de una sola pieza". A fuer de copartidarios, se hicieron buenos amigos al sólo conocerse. Dormían juntos, los pies atados con grilletes de tres arrobas, sin poder hablar con nadie, excepción hecha del Semana, un cancerbero exprofesamente preparado para ser la pesadilla de todos los que han sed y hambre de libertad. Cada mañana los grilletes les eran sustituidos por una cadena de peso ídem: el pie derecho de Juan Ramón en un extremo y el izquierdo de Rubén en el otro. Y luego...¡a trabajar!

Las manos principescas sufrieron el primer día su más amarga experiencia. Acostumbradas al contacto del guante y de la pluma, mal podían familiarizarse con el pico y con la azada. Pero a Núñez Romero le sobraban energías para hacer el trabajo de los dos, toda vez, por supuesto, que el guarda se descuidara, lo que ocurría a menudo para irse a buscar agua o sestear bajo los árboles.

El trabajo era de sol a sol, picando piedra, escarbando o botando tierra. Cada pareja de prisioneros estaba vigilada por un soldado con fusil, pistola, machete y cuchillo. La deficiente alimentación y el pésimo trato menguaron muy en breve la resistencia del poeta. La insolación no se hizo esperar, y un día en que el guarda lo sorprendió acezando, acurrucado a la sombra de un carao, se llegó hasta él, baqueta en mano:

—¿Ajah, puñetero, y vos qué corona tenés pa no trabajar?

Y antes de que el otro respondiese, le descargó dos, cuatro, seis latigazos: y habría seguido de buena gana si Rubén, en ese mismo instante, no le barre los dientes de un trompón. Y de nada le valió al castrense el arsenal que llevaba encima. Se conformó con chismear, para que hundieran por varios días a los dos prisioneros entre las sombras del calabozo.

Algún tiempo después, y libres ya, Molina y Núñez Romero habían de girar alrededor de una figura, la más apasionante tal vez, de la política hondureña en los comienzos del siglo: Manuel Bonilla. Al triunfar la candidatura presidencial de este gran caudillo, Juan Ramón mereció distinciones acordes con su excelsa condición de literato, mientras Rubén se convertía en Ayudante Personal del Mandatario, esto es, en su hombre de mayor confianza. Pero aquel auge político sólo le sirvió al Poeta para exaltar su arrogancia y ampliar el radio de sus escándalos.

El 7 de abril de 1902, un diario capitalino informaba: "Motivos de índole personal dieron margen el sábado a las tres de la tarde a un desafío entre los señores Juan Ramón Molina y Enrique Pinel, el cual debía verificarse en las afueras de Comayagüela, cerca de la falda occidental de Sipile. Llegados al sitio indicado, después de haber caminado juntos, el señor Molina trató de medir la distancia dentro de la cual debían dispararse, lo cual le fue impedido por un terciazo que el señor Pinel le descargó sobre la cabeza, terciazo que en vano pretendió el otro esquivar. Al recibirlo, Molina sacó su revólver y disparó sobre Pinel, causándole una herida en el bajo vientre. Al notar Molina los efectos del disparo, y considerando a Pinel gravemente herido, le dio un brazo para que se apoyara, hasta conducirlo a una casa próxima. Allí mismo fue capturado Molina y conducido a la Policía, de donde pasó a la Penitenciaría. Pinel inmediatamente fue trasladado al Hospital General, donde los Doctores Firty Hernández, por medio de una hábil operación, lograron extraerle el proyectil, el cual no interesó ningún órgano importante. Contra Molina se ha instruido ya el correspondiente proceso, y, dadas las buenas relaciones existentes entre los protagonistas, se estima que el asunto se resolverá favorablemente".

"En el año 1902 —prosigue Cáceres Lara en sus interesantes comentarios— Molina se afilió al partido político que postulaba la candidatura del General Manuel Bonilla y acompañó a éste en la lucha armada de 1903 que culminó con la caída de Tegucigalpa en manos de la Revolución, el 13de abril de ese año. Al mes siguiente, contando con la ayuda del Gobierno, fundó el diario semioficial El Día, y en octubre del mismo año fue elegido Diputado al Congreso Nacional por el Departamento de Colón, cona la mala suerte de que tal Congreso fue disuelto violentamente por el Presidente Bonilla el 8 de febrero de 1904. Después recibió el nombramiento inaudito de Sub Director de la Escuela Militar —un nombramiento parecido al de aquel hondureño que, al venir graduado de Ingeniero Electricista, se le designó Director del Instituto Nacional—, y ambas ciudades lo vieron pasar, vestido de uniforme de guerra, confeccionado por el sastre don Juan Manuel Girón, montando brioso corcel, arrogante como un semidiós y desdeñoso con todo mundo...

En 1905 el Ateneo de Honduras promovió, bajo el auspicio del Gobierno del General Manuel Bonilla, unos juegos florales en los cuales resultó triunfante el gran Luis Andrés Zúniga con su poema Poeta y Aldeano. La noche en que se coronaría la Reina de los Juegos, señorita Mercedes Agurcia, escogida por el aeda triunfador, se daban cita en el Salón de Retratos los elementos más prominentes de Honduras: El Presidente de la República, los exponentes de la intelectualidad, miembros de las esferas sociales, Cuerpo Consular, etc.., etc. En el acto se hizo presente Juan Ramón Molina, vistiendo flamante uniforme, y después del discurso de orden pronunciado por el Doctor Carlos Alberto Uclés, y de la declamación, por Luis Andrés, de su poema premiado, leyó las soberbias estrofas de Río Grande captándose la ovación más enorme de que fuera objeto a lo largo de su vida atormentada".

Ese poema "Al Río Grande", en el que González Martínez encuentra influencias de Altamirano, fue comenzado en Guatemala y retocado en Tegucigalpa, al reanudar su diálogo con el titán acuático que lo meció en sus brazos bajo el milagro de la tarde ingenua.

CAPÍTULO VI: EL ACECHO DE LA MUERTE

La Generación Tronchada. —El Comando Supremo del Movimiento Modernista.

"Buen poeta, fuerte poeta; pereció víctima de aquel medio matador de todo anhelo intelectual que apaga el alma de Centroamérica. Lo poco que pudo ser, lo fue con el machete en la mano, en guerras de su tierra. Apenas una vez pudo ver un mundo propio para su talento, cuando lo enviaron como Secretario de la Delegación de Honduras a la Conferencia de Río de Janeiro..."

RUBÉN DARÍO. (París, 1908)

Al retornar Molina de Guatemala, solamente dos diarios circulaban en Tegucigalpa: "La Unión", dirigido por Rómulo E. Durón, y "El Diario", mencionado ya, el cual, fundado por el Doctor Adolfo Zúniga, estaba ahora en manos de Alejandro Miranda.

Los de la joven generación, —brillante como la que más —, contaminados de grave mal, se iban tronchando en flor, siguiendo a Manuel Acuña, a Julián del Casal, a José Asunción Silva ya tantos otros convencidos de que, si no apuraban el viaje, los dioses en el olimpo, les harían muy mal recibimiento...

De esta manera se nos fueron en plena matinal los númenes preclaros de Manuel Molina Vigil y Ramón Reyes, como heraldos, marchando a continuación Jesús Torres Colindres, Julio César Fortín y Félix A. Tejeda.

Cierta melancolía tóxica impregnaba el ambiente. Se respiraba un aire de desengaño, y sus emanaciones, por un proceso de ósmosis, circuían el corazón, debilitándolo hasta su aniquilamiento.

La figura más recia de ese tiempo era José Antonio Domínguez, olanchano que alentaba en sus creaciones el potencial de sus llanuras feraces. Más, a pesar de su acertada orientación, Domínguez era un cóndor herido bajo el ala.

En efecto, desde mucho tiempo atrás, el bardo juticalpense sufría los efectos de una neurosis terrible. El revolucionario aquel de la Universidad; el feliz autor de tanta estrofa homérica; el que, trabuco al hombro, se enrolara en las filas de la revuelta armada para entrar Victorioso en 1894; el que reuniera atisbos de vidente en su poesía social, ése, filando el siglo, era un desajustado emocional en la medida exacta que pedía Max Nordau.

Aunque ya había publicado su "Himno a la Materia", poema que es el acta emancipadora de su generación; no obstante haber recibido el reconocimiento que le otorgara el Comando Supremo del Movimiento Modernista, él se debatía bajo la noria de una aplastante melancolía, sufriendo el crudo acecho de una negra psicosis, que, como buitre, le devoraba las entrañas, mientras él, encadenado, sólo pensaba en la única salida: el suicidio, solución que es, por cierto, de puro corte romántico.

De nada le valieron las hermosas oportunidades a que tuvo acceso: Sub Secretario de Educación Pública y Justicia; Diputado a una Asamblea Centroamericana que se celebró en Managua en 1898; Magistrado de la Corte Suprema, etc. Su vida fue un permanente tributo a la soledad. En el barbecho de su aislamiento, mano alguna de mujer sembró rosas de amor, porque Domínguez era tímido como Amiel, con la diferencia de que éste, por fin, a los cuarenta y cuatro años, tuvo su experiencia, su única experiencia erótico—sexual, mientras que Domínguez ni siquiera tuvo el chance de llegar a los cuarenta... En 1902, cuando apenas cumplía treinta y cuatro, se entró por la ventana del suicidio a hacer su noche, su larga y tibia noche con la muerte....

A Molina, quien ya sentía muy dentro la comezón fatal, la muerte de Domínguez le produjo fuerte impacto. El hecho en sí tuvo el contorno de un estremecimiento en los círculos intelectuales de América Central. Pero para el cantor de "El Río Grande" el caso era particularmente impresionante, pues él había visto en Domínguez no solamente a un compañero de letras, sino a su par, comprometido como él a salvar de la carcoma a los titulares de la naciente generación, la cual, "desnuda y con puñal al cinto", se lanzaba a campo traviesa y debía salvarse, no solamente porque Dios es bueno, sino por el reclamo de un destino más sensible a las solicitaciones de su momento histórico.

En una prosa escrita a raíz de tal fallecimiento —digámosle así, por eufemismo, fallecimiento—, Molina hace el recuento de los factores determinantes de ese fenómeno, destacando: a) medio circundante; b) carencia de horizontes definidos; c) asimilación mental deletérea, y d) naturaleza de los ideales políticos y religiosos de Domínguez. El análisis, aunque bastante superficial, puede servir como premisa de una futura indagación acerca de la curva de Molina, quien a la sazón se hallaba en el cenit:

"En un ambiente como el nuestro, de sorda agresión o de indiferencia, el intelectual de veras tiene dos escapatorias para librarse de la muerte por asfixia. O se aísla soberbiamente en su cima, envuelto en su nube, de tal modo que no se digne ver a los genios municipales, acaparadores de la gloria barata y al por menor, o les degüella como si fuesen carneros de un holocausto propiciatorio al Arte, sobre su altar de ripios pacientemente acumulados. Domínguez era demasiado humilde para tomar las actitudes de un Dios, y profundamente altruista para hacerle mal al prójimo, aunque éste fuera un abominable letrado.... Tuvo las alas del gran pájaro de rapiña, más no el pico ni las garras. Ni el grito, ni tampoco el ímpetu. Grave debilidad en un país de caracteres duros, en donde no existe más que una piedad relativa, y donde el mérito, en lo general, se mide por el buen éxito logrado...".

Desde el mediodía de su existencia altiva, ebrio de altura y con la frente al sol, Juan Ramón habla con lenguaje pontifical. El aire de sus montañas hondureñas, inflándole el aliento, le hace sentirse dueño de mensajes superiores, cual un Moisés de fuego dictando los mandamientos de la liberación.

Pero en ese grito de águila, ya salpica una molécula de silencio; en ese penacho férreo, ya hay un principio de enmohecimiento; en esas llamas que ciegan, está implícita la consabida sombra...

Sin embargo, el titán no da su brazo a torcer. Él es un maestro, y está solo. Solo, altivo y rumoroso como el pino aquel de sus lontanos días:

A UN PINO

¡Oh! pino. oh viejo pino de mi tierra.
que del monte en la cima culminante
alzas tu copa rumorosa y verde
meciéndote al impulso de los aires.

¿Cuántos años hará que no se atreven
los rayos de las nubes a tocarte,
como a los compañeros de tu infancia
que calcinados por el suelo yacen?
Al descorrer la aurora en el Oriente
de su balcón los rojos cortinajes,
vio que los pinos que a tu lado estaban
no eran más que pavesas humeantes.

Mientras que tú, de la mortal catástrofe
testigo fiel, erguido te quedaste
lleno de savia y robustez y vida
bañado por las luces matinales.

Más, adherido a la infecunda roca,
con la invencible garra de tus raíces
cual si te hubiese vuelto aquella prueba
más fuerte, más viril y más pujante...

AUTOBIOGRAFÍA

¡Todos cayeron en la fosa oscura!
Fue para ellos la vida un triste dolo,
Y —el corazón preñado de amargura—
me vi de pronto inmensamente solo.

¿Qué se hizo aquel cuya gentil cabeza
era de sol? ¿El jovencito hercúleo
que burlaba en la lucha mi destreza?
¿El dulce efebo de mirar cerúleo?

¿El que bajaba el más lejano nido?
¿El más alegre y mentiroso? ¿El zafio?
¡Para los tristes escribió el olvido,
en el nómade viento, un epitafio!

¡Hada buena la suerte fue para ellos!
No conocieron el dolor. La adusta
vejez no echó ceniza en sus cabellos
ni doblegó su juventud robusta!

Y hablando de generaciones, ¿quiénes formaban la nueva fila de iluminados?

Ocupaba el primer puesto Froylán Turcios, escritor olanchano de la misma edad de Molina, recién reintegrado a la tierruca, después de algunos años en Guatemala, donde hizo vida fraterna con Arturo Ambrogi, Flavio Guillén, Rafael Piñol y otros integrantes de la Sociedad Literaria "José Batres Montúfar". Obtuvo premio con su libro Mariposas, y después hubo de pasar a Costa Rica, en calidad de Secretario de la Legación de Honduras, que recién se le había confiado al General Terencio Sierra. Actualmente Turcios era Sub Secretario de Gobernación y a él se debía el haber fundado el "Ateneo de Honduras", la más conspicua institución de entonces. Desde tempranos años, Froylán se manifestó como un activo publicista, habiendo dirigido algunas revistas de corta duración, como "El Pensamiento" y "El Álbum", en Guatemala, y "La Juventud Hondureña", "El Heraldo", El "Ferrocarril" y otras en la tierra natal, sin que hasta fin de siglo hubiese experimentado la menor inclinación hacia las nuevas corrientes. Toda su producción anterior estaba rotulada old fashion.

La vanguardia contaba con un grupo bisoño, de corta edad y mucho brío: Luis Andrés Zúñiga, Julián López Pineda, Adán y Augusto Coello, Jerónimo J. Reina, Adán Canales, Alonso A. Brito y algunos más. Y aunque procedentes de una camada anterior —sobrevivientes de la Generación Tronchada—, se sentaban también a la tertulia: Juan María Cuéllar, Inés y Miguel Ángel Navarro, Juan Bustillo Rivera, Valentín Durón, Carlos Alberto Uclés, Carlos Cáceres Bustillo y el mismo Rómulo E. Durón.

Miguel Ángel Fortín, Doroteo Fonseca, Juan Ramón Valladares y muchos aedas más, se habían expatriado hacia otras playas centroamericanas.

Era el fin de siglo, y los que, años más tarde, integrarían el batallón Neomodernista —Francisco P. Figueroa, Jorge F. Zepeda, Alfonso Guillén Zelaya, Manuel Zúniga Idiáquez, Rafael Heliodoro Valle, Ramón Ortega, Manuel Escoto, etc.—, armaban por entonces el bullicio en las bancadas del kindergarten.

Justo es también consignar un voto de reconocimiento a un notable literato mexicano que brindó valiosos estímulos al desarrollo de las letras hondureñas. Era el General Manuel Gutiérrez Zamora, a la sazón Cónsul General del hermano país azteca, compañero de Díaz Mirón, Ignacio Mariscal, Gutiérrez Nájera, Ignacio M. Altamirano y Justo Sierra.

La amistad entre Rubén Darío, máximo apóstol del Modernismo, y Juan Ramón Molina, comenzó en Guatemala, como ya se dijo, y estuvo vigente hasta la muerte del segundo, acaecida en noviembre de 1908. Darío siempre mantuvo activa correspondencia con las figuras señeras de las letras centroamericanas: Gómez Carrillo, Soto Hall y Arévalo Martínez, de Guatemala; Gavidia y Ambrogi, de El Salvador: Molina y Turcios, de Honduras; Azarías H. Pallais y Mayorga Rivas, de Nicaragua: Aquileo J. Echeverría y Brenes Mesén, de Costa Rica. Igual tratamiento daba a los representativos del Modernismo en las otras regiones de la vasta comarca, la comarca hispanohablante en cuyo cielo jamás se ponía el sol.

Ya Darío, después de una batalla más o menos fuerte, se había tomado la plaza por asalto. 1888, año en que aparece "Azul". poemario éste debía ser el punto de partida; pero como su evangelio encontrara serias resistencias en España, se vio obligado a ir personalmente para rendir la fortaleza y clavar allá la bandera en señal de posesión. La operación se consumó al salir "Los Raros", en 1893, y, más definitivamente, "Prosas Profanas", en 1896.

Es oportuno recordar que muchas de las figuras consagradas de la Lengua habían puesto el grito en el cielo ante las nuevas modalidades impuestas por Darío, modalidades que no eran otra cosa que la sistemática elaboración realizada por un grupo de poetas hispanoamericanos que, con antecedencias en Salvador Díaz Mirón,

José Martí, Manuel González Prada, Carlos Guido Spano, Rafael Pombo y Antonio Pérez Bonalde, alcanzó una más nítida expresión en Gutiérrez Nájera, Silva, Herrera y Reissig, Casal, y el centroamericano Francisco Gavidia.

La técnica dariana, santo y seña de la nueva generación, sufrió reiteradas interferencias y tentativas de sabotaje por parte de quienes, llevados de su misoneísmo exacerbado o de su orgullo local, se obstinaban en desconocer las excelencias de su mensaje, y, lo que es más grave aún, su etiqueta decididamente americana.

Algunos afirmaron que el legítimo precursor del Modernismo era Salvador Rueda, quien con su libro "El Tropel", —1892—, trasplantó a la sensibilidad española las sutilezas y los ritmos de la poética francesa. Otros, más acres todavía, como Hurtado y González Palencia, tratando de restar todo prestigio al nicaragüense, hacían afirmaciones de esta laya:

"La última evolución de las escuelas liricas francesas del Siglo XIX, parnasianismo, simbolismo y decadentismo, fue introducida en el castellano por el poeta de Nicaragua Rubén Darío: el amor a lo extranjero, que caracterizó especialmente a la llamada generación de 1898, encontró muy a propósito para su afán innovador las nuevas tendencias y de aquí surgió el Modernismo. Las principales características de los poetas modernistas son: uso de metros poco rítmicos y antimusicales y a veces preferencia por versos largos; consagración de lo raro y estrambótico; insustancialidad; falta de ideas, sustituidas con frases coloristas y sonoras; oscuridad para que la interpretación subjetiva de los textos permita a cada lector encontrar cualidades diferentes; inspiración en el amor femenino, bien artificioso —amanerado y petrarquista—, bien fuerte, voluptuoso, concupiscencias, melancolía, pesimismo, escepticismo; irreligiosidad; eclecticismo candoroso, endiosamiento de Rubén Darío y egolatría, y tendencia de dirigirse a un grupo de intelectuales, no al pueblo, como lo han hecho siempre los grandes poetas....".

De entre ese cúmulo de tendenciosas aserciones, sólo dos son verdaderas: la ascendencia francesa del Modernismo y el liderato de Rubén Darío. En efecto, nutrido con leche simbolista y vestido con atuendo parnasiano, el Modernismo concretó en sí las dos máximas corrientes de aquel romanticismo agonizante que murió con Hugo en

1885 y que tuvo prosélitos en todas las lenguas, habiendo irrigado las praderas peninsulares a través de Zorilla, Espronceda, Campoamor, la Gómez de Avellaneda, quien allí se encontraba por entonces, Núñez de Arce y Bécquer, en España, y Eugenio de Castro en Portugal.

Aunque siempre es duro clasificar la producción literaria y artística por reinos, familias o especies, como suele procederse en tratándose de seres naturales, no está fuera de orden señalar como antecesores del simbolismo francés a Charles Baudelaire, muerto el año en que nació Rubén Darío, al cubano—francés José María Heredia, a Lecomte de Lisle y, principalmente a Mallarmé, quien ejercía en París una especie de rectorado, pues a su fina sensibilidad aunaba una monumental cultura, con cuyo auxilio solía dictar charlas semanales sobre movimientos de otras lenguas y otras tierras, particularmente Inglaterra, Alemania, Italia y los Estados Unidos. Tuvo numerosos seguidores, por más que muchos de ellos, al adquirir mayoría de edad, se independizaron, buscando nuevos caminos. Entre sus discípulos están Arthur Rimbaud —quizás el simbolista más tipificado—, Albert Samain, Jean Lorrain, Paul Verlaine, más tarde guía del Modernismo, George Rodembach, Remy de Gourmont, Villiers de L'isle Adam y algunos jóvenes hispanoamericanos: José Asunción Silva, Julio Herrera y Reissing y Leopoldo Lugones.

Los simbolistas reaccionaron contra sus inmediatos predecesores, los parnasianos, pues mientras éstos, con El Parnaso de Gauthier como arquetipo, preconizaban la hegemonía de la forma, el retorno al culto helénico, la vigencia del color y la pasión por la estatuaria, aquellos abogaban por una poesía menos desnuda, menos plástica, donde los tules del misterio insinuaran el encanto, provocando esos entrelineados y puntos suspensivos que hieren la imaginación de quienes la degustan. El simbolismo trabaja con sordina, a media luz, permitiendo que, por la parte que del muslo se entrevé, puedan adivinarse los paraísos de Venus.

Ni qué decirlo dos veces. El comandante de los parnasianos era Teófilo Gauthier, a quien secundaban, amén de Heredia y Leconte de Lisle, Catulle Mendes, Francois Coppée, Sully Prudhome y otros. Mas, no obstante las características diferenciales apuntadas, es bien difícil tirar una guardarraya separándolos, y por esa razón no es extraño ver que se dan sus apretones de mano en el cruce de los caminos que regulan el tiempo y el espacio.

"Revolucionarios y libres, místicos y musicales, los simbolistas cultivaron muchos de los temas preferidos por los románticos, sumándole algunos novedosos e impresionantes: el dolor, la soledad y el tedio; el desprecio de las muchedumbres y la búsqueda de paraísos artificiales; la confesión sincera de todas las flaquezas humanas; la ironía, el recuerdo y la nostalgia de una vida mejor; el lujo, el pecado, el ansia de aniquilamiento, y el anhelo de beatitud en la belleza".

Francia, a fines del pasado siglo, —el siglo de las luces—, era el gran taller. Los poetas españoles pusieron el oído atento al frémito de la maquinaria que trabajaba al otro lado de su pared, y no faltaron los que se llegaron hasta allí para afilar sus herramientas. Pero, a decir verdad, todavía no lo conseguían, pese a los esfuerzos de Salvador Rueda.

Sólo a Rubén Darío, hijo de América y nieto de España, poseedor de una antena ultrasensible, le fue dado percibir el intimo secreto para poder dirigir la orquesta en un movimiento que estaría llamado a una gloriosa plenitud.

Pero ya se dijo que Darío no iba solo. Antes de él estaban todos aquellos que levantaron el andamio del edificio. La poética rubeniana era el puente, el eslabón dorado entre el ayer y el mañana. Y muy pronto iban a seguir su huella los mejores aedas españoles y americanos. En efecto, los primeros bandeirantes fueron: Enrique Diez Canedo, Guillermo de Torre, Juan Ramón Jiménez y Antonio y Manuel Machado. Estupor rayano en parálisis causó luego la entrada de don Ramón del Valle Inclán, el de las barbas de chivo. Y tras esa raizosa y patriarcal figura se desprendieron del viejo tronco muchos efebos como Emilio Carrere, Ramón Pérez de Ayala, Eduardo Marquina, etc. Algunos terminaron apartándose; pero la mayoría quedó formando parte del que hoy damos en llamar Comando Supremo del Modernismo, cuyos componentes, a principios de siglo, estaban distribuidos más o menos así: Leopoldo Lugones, Arturo Capdevila, Enrique Larreta y Leopoldo Díaz, en la Argentina; Julio Herrera y Reissig, José Enrique Rodó, Florencio Sánchez y Horacio Quiroga, en el Uruguay: Amado Nervo y Luis G. Urbina, en México;

Manuel González Prada, José María Eguren, José Santos Chocano y Ventura García Calderón, en el Perú; Francisco Gavidia, Máximo Soto Hall, Juan Ramón Molina, Enrique Gómez Carillo, Arturo Ambrogi, Azarías H. Pallais, Aquileo J. Echeverría, Froylán Turcios y Roberto Brenes Mesén, en la América Central: Fabio Fiallo y Pedro Henríquez Ureña, en la República Dominicana; Manuel Diaz Rodríguez y Rufino Blanco Fombona, en Venezuela; Ricardo Jaimes Freyre y Franz Tamayo, en Bolivia, y Guillermo Valencia, Víctor M. Londoño, Baldomero Sanín Cano y Antonio Gómez Restrepo, en Colombia.

Gutiérrez Nájera, Martí, Silva y Casal, viajaban ya sobre la ruta de las magnolias eternas.

Si se analiza la producción de escritores y poetas hispanoamericanos de ese tiempo, fácil resulta constatar su factura modernista, porque esta orientación era el común denominador. Ese era el aire que se respiraba, y todos los del oficio, quien más quien menos, utilizaban en sus laboratorios los materiales e instrumentos en boga, únicos de que se disponía. El Romanticismo quedó como una antigualla por la que nadie preguntaba, y ningún distribuidor iba a jugarse carta alguna para surtir a las minorías, compuesta por gente como los Álvarez Quintero, Juan de Dios Peza o Julio Flórez, para el caso.

Y es que, bien visto, el Modernismo, más que una escuela es una edad; más que un sistema, es una constante artístico—cultural; más que una corriente, es toda una cuenca hidrográfica llamada a fertilizar todos los campos de la actividad espiritual. Por eso su acción renovadora ensanchó el mapa de la lengua y dilató los horizontes de la civilización. Perenne es su vigencia y ubicua su actualidad. Es, en función de espacio y tiempo, una categoría concomitante del Clasicismo.

Carlos García Prada señala como "principales características del Modernismo, el cosmopolitismo, el individualismo y con éste la originalidad, la libertad creadora y el retorno a la libertad individual como fuente suprema del pensamiento y la expresión; el eclecticismo filosófico y la audacia en las ideas; la tristeza y la nostalgia; la inclinación hacia el paganismo, dentro de las normas de un cristianismo más sentimental que teológico; la sensualidad refinada, a veces mórbida, y la exaltación de la sensibilidad sobre la razón; la evasión del mundo material, y la consecuente busca de lo remoto, lo antiguo, lo raro y aún lo extravagante: la aristocracia del sentimiento y el desdén hacia lo feo, lo sórdido y lo vulgar; la elegancia y la exquisitez, el amor místico de la belleza, como fin de un arte despreocupado de la moral y de la ciencia positiva; la sinestesia de sonidos, colores, imágenes e ideas; el culto de la forma, plástica y colorista a veces, y casi siempre musical".

Merced a esa envergadura ecuménica, a esa capacidad de polarizar y concretar en sí las corrientes que le dieron vida, sin destruirles sus elementos originales; merced a esa frescura, elasticidad y aptitud para replegarse a las exigencias normativas de cada época, es que el Modernismo —así lo entendemos nosotros— alienta y edifica todavía. Todos los ismos que han sobrevivido a lo largo de este medio siglo, no pasan de ser simples poses y amagos.

Apenas puede admitirse, como hecho operante y válido, la revisión que el Modernismo ha venido sufriendo, esto es, cierta poda exterior acompañada de fertilizantes y antibióticos frente al peligro de enfermedades o avitominosis.

Esa revisión, proceso permanente cuya eficacia nadie pone en duda, fue iniciada por Enrique González Martínez y Porfirio Barba—Jacob, seguidos por un equipo de precursores como Gabriela Mistral, Carlos Pezoa Velis, Víctor Domingo Silva y Ángel Cruchaga Santamaría, en Chile; Francisco Luis Bernárdez, Alfonsina Storni y Ricardo Rojas, en Argentina; Ricardo Miró, en Panamá; Ramón López Velarde y José Juan Tablada, en México; Rafael Arévalo Martínez, Alfonso Guillén Zelaya, Alberto Velásquez, Carlos Bustamante, Rafael Heliodoro Valle, Alfonso Cortés, Ramón Ortega y Julio Enrique Ávila, en Centroamérica; Juana de Ibarbourou, Carlos Sabat Ercasty y Delmira Agustini, en Uruguay; Rómulo Gallegos y Andrés Eloy Blanco, en Venezuela; César Vallejo y José Carlos Mariátegui, en el Perú; Medardo Ángel Silva, en Ecuador; Max Henríquez Ureña, en República Dominicana; Vicente y Luis Palés Matos, en Puerto Rico; Luis Carlos López, León de Greiff y Rafael Maya en Colombia; y la lista sería larga, muy larga.

Preguntaréis ahora por algunos poetas—guias de nuestro tiempo, como Pablo Neruda, Jorge Carrera Andrade, Jorge Luis Borges,

Nicolás Guillén, Miguel Ángel Asturias, Roberto Ibáñez, Luis Cardoza y Aragón, etc. ¿Qué palco le está reservado, tanto a ellos como a sus seguidores?

Si toda clasificación envuelve serios riesgos, la de esos exponentes extraordinarios representa una aventura que, hoy por hoy, no emprenderemos. Preferible es dejar que el tiempo haga su obra pues es fundado esperar el advenimiento de una total transformación en el orden artístico—literario, y ojalá entonces, prescindiendo de toda rotulación provisional, podamos obtener fórmulas de permanente e irrecusable validez.

CAPÍTULO VII: TRILOGÍA DE DOLOR

"Entre los astros más brillantes del firmamento literario de Centroamérica, tenemos a José Batres Montúfar, de Guatemala; Rubén Darío de Nicaragua, y Juan Ramón Molina, de Honduras..."
J. WILLIAM CHANEY.

En 1905, a los treinta años cumplidos, justo cuando el talento comienza a dar sus mejores frutos, Juan Ramón Molina, en su radioso mediodía, sentía ya los aletazos de un crepúsculo inminente. La explicación resulta bien sencilla si se trae a la mente el caso de aquellos personajes que pueden vivir tres vidas en una sola.

Los absintios y las lecturas de abracadabra abrían profundas grietas en su voluntad; y aquel orgullo, que era el escudo puesto en el pórtico de su existencia, se desteñía sensiblemente. En ese ambiente propicio se fue desarrollando el virus de su melancolía, del mismo modo en que pueden desarrollarse los bacilos de Koch al amparo de lo que en Medicina se conoce como un estado de menor resistencia.

Es la edad de su vendimia dorada. Ha alcanzado la posesión de una técnica certera. A cada golpe de cincel, salta una chispa, vibra una nota, surge un perfil. El fuego del dolor le va purificando su metal hasta alcanzar la santidad de la expresión. Su obra maestra, la entelequia de su sino emocional, grana y madura por fin en su poema elegíaco Una Muerta, escrito el año de nuestra referencia, vale decir, 1905. El asunto amerita un poco de retrospección.

Dijimos que al sólo volver Molina al solar nativo, sus actitudes poco amistosas y su aire petulante y bravucón le acarrearon la antipatía del pueblo entero, excepción hecha de dos sectores: el de los poetas jóvenes, a quienes él estimulaba y dirigía con amplitud y buena fe, y el de las niñas casaderas, que lo soñaban su príncipe.

Los poetas, en ese lejano entonces, eran más admirados que en los días actuales. Las mujeres refinaban su gusto por el Arte, al tiempo que rezaban el padrenuestro o hacían su labor de aguja cabe los tiestos floridos. En cambio, hogaño, los poetas han venido a menos, porque la era de crudo materialismo los ha obligado a dejar su torre de marfil, a cortarse la melena y a prescindir del ajenjo, so riesgo de perecer. Como si esto no bastara, la competencia en afamar se va haciendo más difícil con el aparecimiento en escena de otros especímenes, tales como actores cinematográficos, toreros, boxeadores, bailarines, gánsteres, cantantes, aviadores y pachucos, quienes, amén de ocupar la primera plana de los diarios, manejan con largueza el material que enloqueciera a Midas. El pasaje siguiente puede dar una idea más cabal sobre el asunto: 1947; en una ciudad sudamericana, famosa por su cultura; viajaban en el mismo avión un ilustre poeta y el señor Joe Louis, entonces Campeón Mundial de boxeo. Apretujada en el aeropuerto, una inmensa multitud esperaba y aplaudía. Era fácil suponer que el recibimiento sería para el émulo de Hugo o de Darío; pero, ¡qué va! a éste casi lo pisotea la mesnada, en su locura por congraciarse con el pesado pugilista de ébano...!

Concluida esta digresión, observemos a Molina convertido en el epicentro de rosadas ilusiones. Las más hermosas mujeres sentían hacia él una atracción irresistible, porque, además de su privilegiado numen, concurrían en torno de su figura los dones de una belleza apolínea y de un continente dominador. Esta última faceta de su personalidad se le había acentuado cuando volvió de la montonera en 1903, usando distintivos de Teniente Coronel.

En el cielo social capitalino reinaba una estrella que era el norte de todo espíritu selecto. Su nombre: Dolores Inestroza, y pertenecía a una distinguida familia con ancestros de ultramar. Los más exquisitos poetas habían escrito en su álbum primorosos madrigales, rindiendo pleito homenaje a su ternura, su belleza y su virtud.

Verla Juan Ramón y enamorarse perdidamente, fue todo uno. La misteriosa abeja picó certera en el corazón, como otrora les aconteciera a Petrarca y a Dante, a Espronceda y a Bécquer. Y el amor, con sangre de lira joven, escribió dos nombres más en la antología de los jardines nupciales.

No obstante ser él correspondido por ella, se presentaron resistencias familiares, fundadas en la poca seguridad que podía ofrecer la vida disoluta del poeta, abiertamente incompatible con la cristiana misión de constituir un hogar serio, armonioso y digno.

El matrimonio, pues, hubo de efectuarse a espaldas del consentimiento paterno, habiendo vivido felices durante algún tiempo, con la bendición de Dios traducida en dos preciosos retoños. Mas las zarzas del ambiente no se hicieron esperar: odios políticos, dificultades económicas, enfermedades y problemas por el estilo, golpearon rudamente el alma del varón, mustiándole la fe. Y el drama culminó con la muerte de Lolita, muerte suave, lánguida, musical, como un suspiro de luna: libelular.

La despedida tuvo en el hombre todo el efecto de un huracán. Recién abrió los ojos para medir la hondura de su dolor y la magnitud de su soledad. Hasta entonces había vivido como sonámbulo inmerso en la maraña claroscuro de un orgullo sin brújula, así, de perfil, negándole concesiones a la luz. Pero ahora la rosa del dolor, de aquel dolor que devoró la entraña de Edgar Allan Poe, de Manuel Acuña, de José Asunción Silva, de Amado Nervo y de los grandes desesperados, le dio el perfume definitivo y la color perfecta.

En su elegía "Una muerta", Molina alcanza semidivinas instrumentaciones. Y a esa altura resulta muy curiosa su vida de retruécano: ayer no más, el cuerpo que pedía alas no podía volar porque el espíritu rastreaba entre jardines poco aromados; y hoy, ese mismo espíritu toca círculos celestes mientras el cuerpo se acopla al ritmo de las cosas pedestres. ¿En qué pueden ascender alma y cuerpo al mismo tiempo?

Bajo la misma clave está inspirado el poema "Tus manos", donde el autor plasma con maestría digna del motivo, la visión de unas manos angélicas sobre un lienzo de nítidas evocaciones.

TUS MANOS

Manos liliales. Manos
como hostias consagradas
que en las secretas misas
del amor adoré;
manos en una nieve
radiosa cinceladas,
que fui el primero y último
que en la vida besé.
Manos lácteas que fueron

más puras que el armiño,
que tantas veces puse
sobre mi corazón;
manos como las manos
de un ángel o de un niño
manos como las manos
de Juana de Aragón.

Manos mías que tuve
entre las manos mías,
en los tranquilos éxtasis
de amoroso solaz;
en cuyas suaves palmas,
en mis horas sombrías,
hundí, desesperado,
la descompuesta faz.

¡Oh, manos imposibles!
¡Oh, inolvidables manos
que calmasteis, tocándome,
mis fiebres de dolor!
¡Hoy en la fosa os comen
famélicos gusanos,
sin que bañaros puedan
mis lágrimas de amor!

¡Oh, manos descarnadas
y amadas! Que mi suerte
a vuestro lado quiera
mi sepultura abrir,
para que así las manos
de la divina Muerte
os puedan con mis manos
eternamente unir!

Fijándose bien en la estructura de este poema, podrá constatarse cómo se resiente la sintaxis en el último verso de la primera estrofa.

Sin embargo, parece ser que los críticos han pasado por alto ese detalle, fundándose, tal vez, en que las obras maestras (en pintura, por ejemplo, no deben apreciarse muy de cerca, pues pierden parte de su prestigio, y en que todo lunar, engarzado en rostro o cuerpo de mujer, lejos de afear, encanta, por ser digno de belleza y morbidez.

Estos dos grande poemas forman, con el "Segundo aniversario", la trilogía lírica de Juan Ramón Molina, ofrenda floral en triángulo a la memoria de aquel amor, del gran amor que le arrebató la muerte. Oigamos sus acentos:

SEGUNDO ANIVERSARIO

En junio fue —bien lo recuerdo- en junio,
y en esta fecha, trágica y fatal,
en esta fecha, de funesto signo,
que nunca, nunca lograré olvidar;
porque en mis noches tétricas de insomnio,
—en mis noches de insomnio pertinaz—
esa fecha revive en mi memoria,
que aletargara el opio del pesar.

Porque en mis noches tétricas de insomnio,
pienso en la dulce amada que se fue
a plegar sus dos alas arcangélicas
en un radioso, ultraterrestre edén.
Pienso en la amada que partió a los astros,
que nunca más mis ojos han de ver,
y que —en mi copa emponzoñada— puso
una mezcla de lágrimas y miel.

En junio fue —bien lo recuerdo— en junio,
y en esta fecha inolvidable, sí.
El ángel de la muerte esa mañana
logró en su cuarto penetrar por fin.
Logró en su cuarto penetrar el ángel
sombríamente encantador. Le vi
fijos los ojos en los ojos de ella,
próximos a apagarse y a morir.

¡Ah, tus inmensos ojos! ¡Ah, tus ojos,
llenos de celestial resignación!
¡Ah, tus ojos agónicos y ardientes,
irradiando un divino resplandor!
¡Tus tristísimos ojos desolados
como dos plenilunios, como dos
plenilunios vertiendo sus congojas
sobre una extraña y gélida región!

Mi alma salió temblando de su cárcel
a combatir al ángel funeral,
mas fue vencida en el terrible duelo,
en aquel duelo, lúgubre y tenaz,
que trabaron —a todos invisibles—
junto a la dulce moribunda, cual
si fuesen dos demonios enemigos
batiéndose en el reino de Satán.

Entre los cirios lacrimosos, bella
yacías en tu casta flacidez
con las manos en cruz sobre tu seno
modelado en la copa de Thulé;
sobre tu seno —donde tantas veces
puse, afligido, la convulsa sien—
cuando mi corazón manaba sangre
y era mi boca crátera de hiel.

La noche lentamente envejecía.
Sentado en la mortuoria habitación,
mudo, como la boca de un abismo,
me sumergí en la fiebre del dolor;
en tanto que la noche envejecía
sobre el planeta miserable, y yo
le preguntaba al cielo indiferente
en dónde estaba la piedad de Dios.

Una lámpara humilde sus reflejos
fantásticos trazaba en la pared,
y un aire —con olor de sepultura,
de pócimas y ramas de ciprés—
frío, cual si viniese de algún páramo,
o de la anciana luna de Astarté,
o de las negras olas de la Estigia,
como una espada penetró en mi ser.

¡Caía de las cósmicas alturas,
de la radiante faja zodiacal,
sobre el espanto mudo de mi espíritu,
una solemne irradiación de paz,
en tanto que la noche envejecía,
—noche de junio, lúgubre y fatal—
poblada de delirios infernales,
que nunca, nunca lograré olvidar!

Reanudemos nuestro diálogo con la generación modernista hondureña. Es a principios de 1906, y Froylán Turcios dirige El Tiempo, periódico adalid de campañas cívicas y de nobles afanes literarios.

Turcios está llamado a prestarle grandes servicios a la causa modernista, no sólo con el aporte de sus creaciones —novelista, poeta, cuentista—, sino mediante una amplia difusión de las bellas letras por intermedio de Revista Nueva, la cual, girando el tiempo, reencarnará después en Esfinge y en Ariel, dos de las mejores revistas que ha tenido Centroamérica.

Julián López Pineda, Secretario Privado del Presidente Sierra en 1899, había tenido que emigrar a la caída de este gobernante, yéndose primero a Nicaragua (1902), donde fundó Vida Nueva, y más tarde a El Salvador, habiendo terminado aquí sus estudios de Abogacía. En Tegucigalpa había dirigido y redactado los semanarios La Luz y El Demócrata. Colaboró en El Diario de El Salvador, llegando después a dirigir El Diario de Occidente, en la ciudad de Santa Ana. López Pineda será con los años un jurista de sólida complexión y uno de los más recios periodistas centroamericanos.

Augusto y Adán Coello también hacen poesía y periodismo, dotados de un fino temperamento. Augusto triunfará ampliamente en la política, la diplomacia y las letras. Adán... está signado para un destino trágico, no obstante haber dado muestras de un numen fuera de serie.

Luis Andrés Zúñiga, por su parte, trabaja con paciencia y cuidado. Escribe, y espera que pase un lapso para entrar a pulir. No se desespera por publicar; su viñedo madurará con ayuda del tiempo; por cierto que este consejo se lo ha dado Juan Ramón Molina, a quien conoció una tarde pronunciando una oración sobre la tumba de Manuel Molina Vigil. Para más señas, fue el 2 de noviembre de 1897. Ya ve que el consejo le ha surtido, porque va camino de ser un notable poeta, un dramaturgo de grandes recursos, y, sobre todo, un fabulista magistral.

¿Y Jerónimo J. Reina? Este personaje rige actualmente —1906— el Departamento de Comayagua en calidad de Gobernador Político. Tiene un periódico —La Nueva Época— donde colaboran escritores nacionales y extranjeros. Reina está plasmando fuertemente sus rastros en la poesía y en el Derecho.

Finalmente, Adán Canales es dueño de un exquisito temperamento. Su poesía es de alto linaje; pero él se ocupa más del periodismo. En todo caso, su vida será corta, y su obra, como la de Schubert, quedará inconclusa.

Bien claro está que, por encima del tiempo y la distancia, el grupo sigue compacto. Con los citados heraldos colaboran otros intelectuales de significación: Timoteo Miralda, Vicente Mejía Colindres, Ángel R. Fortín, Salvador Turcios Ramírez, Alonso A. Brito, etc., cuya producción aparece en la Revista Nueva, órgano del Movimiento, con amplia circulación, tanto en América como en Ultramar.

Esta, que es la generación del Centenario, dio notables rendimientos, tanto en verso como en prosa, y su aporte a la cultura nacional no ha sido superado por ninguna otra promoción. Los pocos que sobreviven se mantienen en plena actividad, pensando, —como Casona—, que los árboles mueren de pie. Y ellos son árboles con suficiente grandeza para formar el bosque de los inmortales.

CAPÍTULO VIII: VIAJES POR EL MUNDO

"...Juan Ramón Molina no era el poeta blando y acomodaticio que con el pretexto de no entender la política, cierra los ojos ante la realidad de su país. Él, que tenía en el alma encendido el trino; él, que conocía los caminos que parten de los conos estelares de los pinos, abandona su clámide y viste uniforme de soldado, que con la pluma y el fusil lucha por la libertad, en una revolución que para él termina en el exilio antes de su prematura muerte..."
MIGUEL ÁNGEL ASTURIAS

Del 23 de julio al 26 de agosto de 1906 hubo de celebrarse en la capital carioca la Tercera Conferencia Panamericana. El Gobierno de Honduras, presidido entonces por el General Manuel Bonilla, integró la correspondiente Misión así: Doctor Fausto Dávila, Delegado—Jefe: Froylán Turcios, Delegado—Asesor, y Juan Ramón Molina, Secretario. Era ésta, pues, una Delegación brillante, a la altura de las circunstancias, encabezada por un internacionalista y reforzada por dos literatos de renombre, los más conocidos allende las fronteras nacionales.

Y así tenemos a Juan Ramón, sobre cubierta de un flamante buque, camino de Nueva York, respirando los aires yodados del Golfo de México, en concierto de nereidas, sirenas y tritones. El contacto de las aguas le había hecho revivir sus dos viajes por mar, aquellos a Guatemala cuando muchacho —1888 y 1892— sobre el dorso ondulante del Pacífico. Con tales motivaciones él había escrito una bella prosa: "En el Golfo de Fonseca" y su famoso "Adiós a Honduras" poema de aguas salobres y encrespadas.... ¡Ah! y quedaba también otro vestigio: "La Ola", un soneto de perfecta arquitectura, capaz de resistir el examen del más adusto antólogo.

Pero la lente de los años cambia el enfoque de las cosas, y, "nosotros, los de entonces, ya no somos los mismos", como dijera Neruda. Por eso ahora, bajo la fascinación del Mar Caribe, ha redactado un poema en prosa — "Copo de Espuma"— que comienza:

"Voy sobre el mar, sobre el vasto hervor oceánico, cantado por todos los poetas, desde el grave y trágico Esquilo hasta el rebelde y ardiente Byron. Voy sobre él, de pie en la cubierta del buque de vapor, de una gran máquina negra, aspirando con deleite la brisa salitrosa y siguiendo con la mirada melancólica el vuelo de las nubes errantes o el perpetuo desfile de las olas... El azul, un azul profundo, domina en el fondo. Grandes celajes, como si fueran los jirones del opulento manto púrpura de un rey, flotan al Sur; y al Occidente, sobre la infinita línea lapiz lázuli del horizonte, se suspende un millar de nubes, semejando una maravillosa bandada de palomas que volaran hacia el sol, el cual se hunde, enrojecido, redondo, soberbio, lentamente, entre las grandes olas palpitantes, coronadas de reflejos de plata...".

En llegando a Nueva York, no disimula su asombro. ¿Y quién que se toma por asalto la gran urbe no acumula sorpresa tras sorpresa, de las cuales sólo nos reponemos con el tiempo? Es el mismo asombro de Rubén Darío: "Casas de cincuenta pisos, —servidumbre de color...". ¡Y el mismo asombro que, muchos años después, experimentará García Lorca, aquel gitano genial.

La Babel de Hierro era, ayer como hoy, el gran laboratorio de la civilización occidental. En ella se dan cita la grandeza y la ruindad, el esplendor y la sordidez, el placer y el dolor. Ella es el ágora de nuestro tiempo donde se congregan los hombres de todos los credos, razas y lenguas para reír y para llorar. Es, en fin, el más grande manicomio universal.

Sensitivo y responsabilizado con los problemas de su hora, Molina busca en toda faceta humana, la proyección social de esa vida feérica y artificiosa cuyos polos son: Wall Street, de un lado, y la Muerte, del otro.

Pocos días después está el poeta nuevamente en el mar. La nao, hendiendo su pesado vientre en el líquido elemento, desmota millas y millas de un algodón nervioso y fugitivo. Hacia los lados, un escuadrón de delfines; y hacia arriba, el cielo claro, pecoso de gaviotas.

El Caribe, circundado por un harén de islas, levanta alegremente su copa de paisaje. Es allí donde Juan Ramón, sintiendo, como Pan, que por el muslo le crece el vello de una pasión pagana, abre los ojos desmesuradamente y es todo oídos ante el insólito espectáculo:

— Las sirenas! ¡Las Sirenas!... ¿Qué no las habéis visto?

Y sólo él pudo mirarlas, porque los demás pasajeros dormían; mejor dicho, ellos jamás habían despertado.

Y esa visión le ha de tatuar el alma, hasta hacerlo implorar:

Péscame una sirena, pescador sin fortuna,
que yaces pensativo del mar junto a la orilla.
Propicio es el momento porque la vieja luna
como un mágico espejo entre las olas brilla.

Han de venir hasta esta ribera, una tras una,
mostrando a flor de agua su seno sin mancilla
y cantarán en coro, no lejos de la duna,
su canto, que a los pobres marinos maravilla.

Penetra al mar entonces y coge la más bella,
con tu red envolviéndola. No escuches su querella
que es como el llanto aleve de la mujer. El Sol

la mirará mañana, entre mis brazos loca,
morir bajo el divino martirio de mi boca,
moviendo entre mis piernas su cola tornasol.

¡Cuántas sugerencias y evocaciones le florecen en la mente al influjo de un paisaje como aquél! Es fácil imaginarse al gran Cristóbal Colón, agarrado a la crin de la tormenta, centauro enamorado de imposibles; y a Sir Francis Drake, jugando al escondite entre archipiélagos de jade y de coral. Y saber de la estrella que adelgaza su violín, y de la ola que revienta en un coro de notas wagnerianas...

Y en ese sonambulismo vamos pasando ya Barlovento y Sotavento. De lejos nos tremolan su pañuelo Curacao y Martinica, "las papiamentosas Antillas del ron" ... Y los marineros que cuentan sus leyendas de tesoros escondidos y de milagros de la fe cristiana:

—¿Sabía usted que Curacao es una voz portuguesa que significa curación? Fue el Descubridor quien bautizó con tal nombre a esa isla, en voto de gratitud a la Divina Providencia por haberle salvado a treinta hombres de su tripulación...

—¿Cómo así? Explique...

—En aquel tiempo se ignoraba que la causa de esa terrible enfermedad llamada escorbuto es la falta de alimentos frescos

—¿...?

—Los hombres de Colón, con tres meses de mar y cielo, alimentándose únicamente de galletas y conservas, comenzaron a sufrir los efectos más atroces y en su agonía le pidieron que los abandonara en dicha Isla para morir en paz con Dios. Y en efecto así se hizo. Pero grande fue la sorpresa del Descubridor cuando, al regresar de tierra firme, los halló sanos y salvos merced a las frutas y verduras de ese paraíso terrenal.

Poco nos falta ya para llegar a Recife, capital de Pernambuco, Estado septentrional de la tierra brasileña. Molina no puede resistir el embrujo de ese mar con matiz "verde botella" y plasma allí un soneto parnasiano, muy hermoso aunque de poca originalidad.

La eclosión de su deslumbramiento está en Río de Janeiro, la encantadora bahía descubierta por Gonzalo Coelho, que se mece con real compás entre dos columnas pétreas: el Pan de Azúcar, de un lado y el Corcovado del otro.

La belleza natural de esa bahía es un alarde de cinemascopio y no se precisa de ser un Juan Ramón Molina para sentir el transporte de una elevada inspiración. Todo ser humano puede comulgar allí ante el altar de la Creación, vivir el hechizo de ese paisaje fulgurante, del cual se ha dicho con propiedad que no puede ser contemplado por una sola persona: ¡Siempre necesitamos de alguien que nos ayude a mirar!

No hay duda de que Dios, en esa obra. pudo mostrarse todo lo artista que Él es. Por eso el pueblo carioca, agradecido y devoto, le ha levantado una estatua en la más alta corcova del famoso Corcovado. ¡Gloria a Dios en las alturas y paz en la tierra a los hombres de buena voluntad!

El hombre de la campiña hibuerense escribe con el índice en el viento el acta de su llegada, así:

Bajo el bruñido azul del hondo firmamento
musita dulcemente la mágica bahía;
atrás quedó el Atlántico, magnífico y violento,
con sus espumas acres y su monotonía.

Cien naves que columpia un melodioso viento
prenden sus férreas áncoras entre la arena fría
y la ciudad ondula, como ciudad de cuento.
en una tremulante y extraña lejanía.

De algún genio plutónico el imponente trono,
el Pan de Azúcar alza su gigantesco cono
augusto y solitario, como un solemne duelo...

¡Peñón que los rebeldes e indómitos titanes,
desde la tierra —haciendo terribles ademanes—
lanzar quisieron contra los pórticos del cielo!

El pueblo brasilero es cordial en grado sumo. Ama la paz, y. obviamente, odia la guerra. Por eso sus grandes batallas las ha librado en la Diplomacia, campo en el cual ha llegado a desarrollar niveles extraordinarios. Nombres de prestigio universal son —entre otros— los de Río Branco (padre e hijo), Ruy Barbossa, Epitacio Pessoa y Joaquín Nabuco, siendo este último un apóstol del evangelio panamericanista, preconizado desde comienzos del pasado siglo por Juan de Egaña, Simón Bolívar y José Cecilio del Valle.

Rio de Janeiro, pues, se hallaba de fiesta; mucho decir por cierto, pues la capital carioca es de por sí una perpetua fiesta. Se celebra nada menos que la tercera gran cruzada en pro de la solidaridad continental.

A ese cónclave glorioso asistieron representaciones de todos los países americanos, incluyendo Cuba y Panamá, Estados que, en virtud de su reciente emancipación, no habían concurrido a las dos Conferencias Panamericanas efectuadas con anterioridad: la primera en Washington (1889—90), y la segunda en México (1901—2).

Junto a los grandes estadistas y diplomáticos del Hemisferio Occidental, como los paraguayos Manuel Gondra y José Segundo Decoud, el chileno Joaquín Walker Martínez, el colombiano Rafael Uribe y Uribe, el guatemalteco Antonio Batres Jáuregui y otros, tomaron asiento los más esclarecidos literatos, comenzando por Rubén Darío, Guillermo Valencia, Ángel de Estrada y Samuel Blixen, en representación de Nicaragua, Colombia, Argentina y Uruguay, respectivamente, habiendo participado también Román Mayorga Rivas, nicaragüense, y Álvaro Melián Lafinur, argentino.

Los hondureños Molina y Turcios —ya lo dijimos— eran bastante conocidos en las esferas intelectuales del Continente por su activa colaboración en la prensa extranjera y particularmente por su labor en "Revista Nueva", órgano del movimiento modernista centroamericano, de profusa circulación en los medios literarios de América y Europa. Esa Revista había nacido en Tegucigalpa el año 1901, habiendo recibido el aplauso de propios y extraños por el lujo de su presentación y la riqueza de su contenido, pues publicaba, con carácter exclusivo, producciones de Blanco Fombona, Valencia, Nervo, Lugones, Urbina, García Calderón y otras firmas de semejante prestigio.

Don Fausto Dávila, por su parte, gozaba de alta estimación entre juristas, diplomáticos y poetas, merced a su cultura aquilatada en Universidades del Viejo Mundo, y esos contactos del Jefe de la Misión Hondureña fueron en extremo valiosos para los jóvenes literatos. Es así cómo, en una recepción ofrecida por la Embajada Argentina, Juan Ramón recitó su poema elegiaco "Una Muerta", electrizando de emoción a aquella numerosa y selecta concurrencia.

Molina, recordemos, había conocido a Rubén Darío en Guatemala, quince años atrás, y desde esos mismos días el bisoño cantor entró a rotar en la órbita del Bardo—Rey. Cuando Rubén le dispara su Oda a Roosevelt, condenando la acción imperialista con el mismo tono de José Enrique Rodó, Manuel Ugarte y Rufino Blanco Fombona, he ahí que el efebo hondureño arranca de su huerto un fresco laurel y lo coloca sobre la frente de su maestro: es un tríptico soberbio, donde el motivo homérico corre parejas con la dulzura instrumental:

A RUBÉN DARÍO

I

Amo tu clara gloria como si fuera mía,
de Anadiomena engendro y Apolo Musageta,
nacido en una Lesbos de luz y de poesía
donde las nueve musas ungiéronte poeta.

Grecia en sus astros de oro tu nombre grabaría:
en ti, el pagano numen renace y se completa;
más —con los ojos fijos de Jesús en la meta—
gozas el pan y el vino de tu melancolía.

El Águila de Schylo te regaló su pluma.
el pájaro de Poe lo vago de su bruma,
el ave columbina su corazón de miel.

Anakreón sus mirthos, azucenas y rosas,
Ovidio el misterioso secreto de las cosas,
Pitágoras su ritmo y Scopas su cincel.

II
Liróforo de triste mirada penetrante
que al son órfico ajustas la gama de los seres,
que sabes los secretos pristinos del diamante
y conoces el alma sutil de las mujeres.

Délfico augur, hermético y sacro hierofante
que oficias en el culto prolífico de Ceres,
que azuzas de tus metros la tropa galopante
sobre la playa lírica y argéntea de Citeres;

Tu grey bala en las églogas del inmortal idilio,
tu pífano melódico fue el que tocó Virgilio
en la mañana antigua, de alondras y de luz;

Tu azur es el radioso Safir del mito heleno,
tu trueno wagneriano, el olímpico trueno
y tu congoja lúgubre la que gritó en la cruz!
III
Es hora ya que suenen los líricos clarines
saludando el venir de la futura aurora
de paz. A los cruzados y nobles paladines
que hacen temblar la tierra: es la propicia hora.

Tu lira pon a cuello de la pujante prora,
para que así nos sigan sirenas y delfines;
y que tus versos muestren su espada vengadora
asida por los dedos de airados serafines.

Verbo de anunciaciones de nuestro Continente,
vate proteico, noble, magnífico y vidente,
que tiene de paloma, de abeja y de león;
la gloria te reserva su más ilustre lauro:
¡humillar la soberbia del rubio minotauro
como el divino Jorge la testa del dragón!

La Tercera Conferencia Panamericana fue fecunda en recomendaciones, resoluciones y declaraciones encaminadas a perfeccionar el sistema de acción continental.

Es célebre el alegato que llevó hasta el seno de aquel cónclave el jurista argentino Luis María Drago, a la sazón Ministro de Negocios Extranjeros de su país, condenando el cobro compulsivo de todo título de la deuda pública —práctica impuesta por las grandes potencias en perjuicio de las naciones débiles— y abogando por el establecimiento del arbitraje obligatorio, para casos de esta índole, como medio de salvaguardar el honor y la integridad soberana de los Estados deudores.

La voracidad de algunas potencias europeas se había manifestado en Venezuela en 1902, y se hacía imperativo detener aquel empuje mediante la adopción de normas de derecho. Aceptada en principio la tesis del ilustre Canciller, pasó a la posteridad con el nombre de "Doctrina Drago", como uno de los más sólidos pilares del Derecho Internacional Americano.

Ese período, en que Turcios y Molina visitaron el Brasil, era de viva actividad creadora. "Os Sertoes", obra sociológica de Euclydes Da Cunha, que es uno de los más apasionantes libros que ha dado la literatura brasilera, gozando de tremenda actualidad, comenzaba a desfilar entre las obras consagradas.

Aún brillaba en su ocaso aquel potente sol que se llamó Manuel María Machado de Assis, quien había venido ejerciendo un magisterio incuestionable desde su sillón de Presidente de la Academia de Letras.

Los movimientos reinantes en esa vasta comarca que es casi un continente, eran el Parnasianismo y el Simbolismo, con idéntico proceso al de los movimientos franceses, esto es, que ambas corrientes provenían del Romanticismo, representado allí por Goncalves Días, Casimiro de Abreu, José de Alencar, Luis Delfino dos Santos, Álvarez de Acevedo, Fagundes Varela y Cruz e Sousa, poeta negro este último a quien se ha considerado como el primer simbolista de aquellas latitudes.

El Modernismo, aunque parezca extraño, no había invadido por ese tiempo la sensibilidad de los cantores brasileros, y aún precisarían largos años para que tal advenimiento acaeciese. En efecto, no fue sino hasta 1920, más o menos, cuando el Modernismo echó pie a tierra en esas vírgenes posesiones, pero las varias modalidades de que estaba afectado lo hacían diferir notablemente del Modernismo Hispanoamericano.

Figuras señeras al tiempo de efectuarse la Tercera Conferencia eran, entre otras: Alberto Oliveira, de copiosa producción parnasiana; Raimundo Correia, que tenía publicados sus Primeros Sueños, Sinfonías y Poesías; Olavo Bilac, quien ya gozaba de justa fama por su libro Poesía, compuesto de tres partes (Panoplia, Vía Láctea y Zarzas de Fuego), a las que hubo de agregar otras tres: "Alma Inquieta", "Los Viajes" y "El Cazador de Esmeraldas"; y Vicente de Carvalho, quien, casi olvidado después de publicar "Ardentías" y "Relicario", recién resucitaba con su "Rosa, Rosa de Amor", seguida de "Poemas y Canciones".

Manuel Bandeira, Alphonsus Guimeraes, Ronald de Carvalho, Augusto dos Anjos y José de Abreu Albano, esgrimían su pubertad luminosa, tocada por el dedo del destino para torcerle el cuello al cisne algunos años más tarde.

Es oportuno aclarar que si bien los poetas brasileros no quemaban por entonces la mirra del Modernismo, sí conocían ampliamente la obra de Rubén Darío, a quien rendían los honores de ley. Prueba de este aserto es que desde el momento mismo de su llegada a Río, el genial chorotega recibió numerosos homenajes por parte de sus colegas, y tan gratas ocasiones fueron aprovechadas por él para introducir a sus compañeros y discípulos hispanoparlantes, ensanchando de este modo los horizontes de la confraternidad.

Sobre ese particular, "El País", importante diario carioca, en su edición de 23 de julio de 1906, comentaba la presencia de los intelectuales centroamericanos, así:

"Quien leyendo las notas biográficas publicadas por El País, de los Representantes de las Repúblicas Americanas en la Tercera Conferencia, se fije en que los gobiernos hicieron recaer su elección, principalmente, en jurisconsultos, literatos distinguidos y en diplomáticos de comprobada competencia, podrá decir que las repúblicas americanas tienen en el Congreso legítimos representantes de su más alta intelectualidad.

Esa preocupación de los Gobiernos, honrosísima para el Brasil, acentúase en la designación de los Secretarios de las Delegaciones.

Para no citar otros nombres, basta recordar que los Secretarios de las Delegaciones Centroamericanas, señores Rubén Darío, Román Mayorga Rivas, Juan Ramón Molina y Froylán Turcios representan la excelsa mentalidad de aquellos países, y el hecho de su designación significa que la América Central conoce el gran progreso intelectual del Brasil y que así procura establecer un medio de comunicación con nosotros, enviándonos verdaderos delegados de su literatura y de su periodismo.

Ellos son hombres de influencia en la América Central y tienen una reputación ya hecha en los países hispanoamericanos.

Nuestro compañero de redacción conversó con uno de ellos, y nos es grato poder decir que conocen nuestra literatura y que tienen por ella cariño y admiración.

Es natural, pues, que quieran conocer personalmente a nuestros escritores y periodistas, y que al mismo tiempo que los Delegados a la Conferencia, establezcan las bases de una mutua aproximación comercial y amistosa entre los países de América, para lo cual se reunirían con nuestros periodistas y literatos, procurando una vinculación de ideas que complete la acción de los Delegados.

El País" acoge calurosamente esa digna idea de Darío, Mayorga Rivas, Molina y Turcios —tratémosles así—, y la entrega a la publicidad, a nuestras academias, a nuestras instituciones literarias y a nuestros cofrades de la prensa, seguros de que el noble pensamiento de los distinguidos literatos y periodistas centroamericanos encontrará eco simpático en nuestro medio intelectual".

Al clausurar las sesiones de trabajo, el Presidente de la Conferencia, Doctor Joaquín Nabuco, obsequió a las Delegaciones con espléndido banquete. Cuentan que allí leyó Molina su "Salutación a los Poetas Brasileros", poema que es como un salmo a la hermandad panamericana. Excusando, por la urgencia con que fue escrito, alguna nota desafinada, ese canto épico es una joya de ustoria pedrería. Medulada de signos augurales y estremecida de voces arcangélicas, esta pieza es algo así como la marcha oficial del Panamericanismo:

Con una gran fanfarria de roncos olifantes,
con versos que imitasen un trote de elefantes
en una vasta selva de la India ecuatorial,
quisiera saludaros —hermanos en el duelo—
en las exploraciones por la tierra y el cielo,
en el martirologio de los circos del mal.

Mi Pegaso conoce los azules espacios.
Su cola es un cometa, sus ojos son topacios,
el rubio Apolo y Marte cabalgarían en él;
relinchará en los céspedes de vuestro bosque umbrío,
se abrevará en las aguas de vuestro sacro río,
y dormirá a la sombra de vuestro gran laurel!

Venir pude en la concha de Venus Citerea,
sobre el áspero lomo del león de Nemea,
en el ave de Júpiter o en un fiero dragón;
en la camella blanca de una reina de Oriente,
en el cuerpo ondulante de una alada serpiente,
a bordo de la lírica galera de Jasón.

O en la fornida espalda de un genio misterioso,
o envuelto en la vorágine de un viento proceloso,
o de una negra nube en el glacial capuz;
en la marea argentina de una luna de mayo,

asido del relámpago flamígero de un rayo,
o con los duendes gárrulos que juegan en la luz.

Mas en Pegaso vine desde remotos climas,
—señor, príncipe, rey o emperador de rimas—
sobre el confuso trueno del piélago febril:
¡Salve al coro de Anfiones de estas tierras fragantes!
¡A todos los Orfeos del país de los diamantes!
¡A todos los que pulsan su lira en el Brasil!

Tal digo, hermanos míos en la prosapia ibérica:
Saludemos la gloria futura de la América,
que todas las espigas se junten en un haz.
Unamos nuestras liras y nuestros corazones,
que ha llegado el crepúsculo de las anunciaciones,
para que baje el ángel de la celeste paz!

Augurio de ese día se ve en el horizonte.
Hoy tres aves volaron desde un florido monte;
yo las miré perderse en el naciente albor:
un cóndor —que es el símbolo de la fuerza bravía—
un búho —que es el símbolo de la sabiduría—
y una paloma cándida —símbolo del amor.

Dijo el cóndor, gritando: la unión da la Victoria,
el búho, en un silbido: el saber da la gloria,
la paloma, en su arrullo: el amor da la fe.
Yo —que escruto el enigma de nuestro gran destino—
ante el casual augurio del cielo matutino,
siguiendo a los tres pájaros en éxtasis quedé.

Pero Pegaso aguarda. Sobre su fuerte lomo
gallardamente salto en un instante, como
el Cid sobre Babieca. Me voy hacia el azur.
Acaso os interesa mi suerte misteriosa?
¡Buscadme en mi magnífico palacio de la Osa,
o en mi torre de oro, junto a la Cruz del Sur!

Como en muchos pasajes de la vida y obra molinianas, hay en la génesis de estos versos cierto claroscuro que aún yace inexplicable. En efecto, algunos escritores sostienen que la Salutación resultó vencedora en un concurso de los poetas hispanoamericanos reunidos en Río de Janeiro, concurso en el cual también tomara parte el propio Darío. Otros afirman que al Bardo—Rey le tocó únicamente actuar como árbitro del aludido certamen y que en tal carácter adjudicó la más alta nota a los versos del panida catracho . Froylán Turcios, escritor serio, contemporáneo y amigo de Molina, afirma, por su parte, que la célebre pieza fue escrita en Tegucigalpa algunos meses después de haberse reintegrado su autor al seno de la Patria.

Max Henríquez Ureña, refiriéndose al tema, dice que "como no eran pocos los poetas (entre ellos Rubén Darío y Guillermo Valencia) que concurrían también como Delegados de sus respectivos países, se convino en que alguno de ellos debía, en nombre de todos, hacer una salutación en verso a los poetas del Brasil. La composición elegida fue la que al efecto escribió Juan Ramón Molina. En esa composición están amalgamados muchos recursos de la técnica del Modernismo, y no pocos de su temática..."

Entre esas varias versiones nos parece más ajustada a la verdad la de Juan Felipe Toruño, crítico y antólogo nicaragüense, quien al enfocar la obra de Molina, relata: "En la capital carioca, (Molina) se encuentra con Rubén Darío, Román Mayorga Rivas y otros altos valores del pensamiento. Él iba con Froylán Turcios. En el momento de escoger quién debía pronunciar un saludo a la intelectualidad brasilera, para él que se presentaron trece trabajos, Darío, el "lirófono de triste mirada penetrante", decidiría: —Y Darío da su fallo en favor de la Salutación a los Poetas Brasileros, escrita por el bardo hibuerense. Decide, y destruye lo que él había escrito. ¿Condescendencia?

¿Forma de corresponder al que le había elogiado en un tríptico? Se desconoce lo que Darío escribió. Lo cierto es que la Salutación de Molina es un poema de trascendencia continental, de visión al futuro, de alejandrinos resonantes y de anchura oceánica, aunque un poco fatua..."

La salutación de que se hace mérito está dedicada a Fabio Luzy Elysio de Calvalho, dos nombres completamente desconocidos hoy en el mundo literario del Brasil, pues no figuran en ninguna antología ni hay gente que les recuerde como poetas de alguna trayectoria.

Esta circunstancia ha dado motivo para que algunos malquerientes de Molina, celosos de su gloria, chismorrearan diciendo que el augusto artífice, desde el momento de llegar a tierra firme, se dio a la farra en compañía de algunos seudo—poetas, borrachines de postín que se tornaron sus áulicos a cambio de los tragos que podían extraerle a su faltriquera diplomática, panzuda de monedas en esos fugaces días...

Pero se ha comprobado que Molina no escanció licor en la Ciudad Maravillosa, y en tal caso la explicación más aceptable es que tanto Fabio Luz como Elysio de Carvalho pertenecieran al batallón de los llamados poetas oficiales, esto es, cierta especie de bichos de la fauna burocrática que prosperan a la sombra de todos los regímenes.

A fuerza de masturbarse el pensamiento y de gastar toneladas de un papel que no les cuesta, se la pasan redactando empalagosas loanzas y disparates sin cuento, hasta adquirir su "consagración", o sea el efímero reconocimiento que ciertas gentes aprovechadas suelen hacerles para llenarles la cabeza de humo.

Al volver a la llanura los inflados personajes, cae sobre ellos, piadosamente, la sombra del anonimato. ¡Y un nuevo regimiento de poetas oficiales se levanta con el gobierno de turno!

Esos meteóricos panidas, esos fuegos fatuos de la literatura—Fabio Luz y Elysio de Carvalho—no serían por ventura funcionarios o empleados de tercera clase, de esos que suelen contratarse ad—hoc para reuniones como la de 1906? Claro: para ellos, pobres bohemios quizá, la amistad de un poeta vestido de frac representaba bonanza y fama, y a fe que lograrían ambas cosas: beber glotonamente de la viña moliniana y pasar a la posteridad agarrados a un poema de fulgor inmarcesible.

Vísperas de clausurar la Conferencia —en la cual, según Darío, algunos Secretarios valían más que los Ministros—, el representante del gran diario "La Nación", de Buenos Aires, que lo era el mismo bardo chorotega, nombró a Juan Ramón Molina corresponsal en Centroamérica.

En aceptando aquella honrosa designación, nuestro poeta envió al día siguiente su primera crónica, que por cierto fue también la última, pues al regreso de su misión le esperaban el exilio, la miseria y la muerte para sellar de una vez el capítulo final de su vida atormentada.

CAPÍTULO IX: ANNABEL LEE

"...Parto yo este soneto para decir la pena que me trae la muerte del cacique sonoro cuya maza de roble, cuya flecha de oro un eco despertaron que todavía suena...".

JOSÉ SANTOS CHOCANO
(Soneto Póstumo en loor a Molina).

El raudo esquife zarpó de Río con destino a Europa, a la culta y refinada Europa, cuya potestad como centro rector del mundo civilizado, aún persiste con teñido acento.

Era un trasatlántico de lujo llamado EL ARAGÓN. A bordo también iban Guillermo Valencia y el novelista argentino Ángel de Estrada, —autor de "Formas y Espíritus", "La Voz del Nilo", "Alma Nómada" y otras obras de alto mérito—, con quienes los poetas hibuerenses trabaron sólida amistad. Después de dos semanas de navegar sobre la zona infraecuatorial llegaron a las islas de Cabo Verde y Madeira, siguiendo de allí la línea de las Azores, la misma por donde El Descubridor, en sentido inverso, hubo de penetrar el Mar Desconocido, en su primera exploración en 1492.

Pasaron luego por las Islas Canarias, "donde el mar era vasto, fosforescente y misterioso. Monstruosas sombras abrían sus fauces negras delante del vapor, a ras de la líquida superficie, mudas, enmarañadas, hoscas, llenas de vagos pliegues de casi invisibles estremecimientos, como si gozaran de vida real sobre la gran palpitación de las aguas. Y arriba seguía el centelleo de los astros. Y abajo el ruido de las olas. ¿Cantaban? ¿Reían? Lloraban? A veces nos hería los oídos uno como canto triste, tristísimo; después risas femeniles brotaban del abismo del mar, y luego sollozos vagos, contenidos, desgarradores, que se llevaba la brisa, la brisa húmeda y fresca... Y en esto el viento, batiendo las alas con más furia, apagó aquellas voces, en tanto que el vapor seguía rompiendo las aguas con su traqueteo sordo y monótono".

El 12 de septiembre de 1906, EL ARAGÓN fondeaba en la bahía de Lisboa. Nuestros viajeros pernoctaron allí, siguiendo después hacia Madrid por Ferrocarril.

En España, Molina y Turcios encontraron magnífica acogida. El Modernismo estaba en su apogeo. Darío había llegado días antes, vía Buenos Aires, y preparaba por entonces su viaje a Las Baleares; pero siempre tuvo tiempo de ofrecer a sus amigos todas aquellas atenciones susceptibles de depararles una grata permanencia. Igualmente recibieron el abrazo de José Santos Chocano, a la sazón en Madrid.

La Condesa de Pardo Bazán, que había simpatizado en un todo con la buena nueva modernista, solía reunir en sus tertulias a los jóvenes poetas, áulicos de Rubén. Don Jacinto Benavente dirigía La Vida Literaria, y en esos mismos días, don Miguel de Unamuno, después de cordial palique con Darío, había dado su pase al Movimiento. Don Miguel, como se sabe, era un pontífice en las altas esferas del idioma, y su gesto de asentimiento hubo de repercutir en Europa, América y las Filipinas.

Sobre este particular se contaba por ahí que el sarcástico Unamuno, antes de hacer amistad con Darío, había dicho que a éste se le salían algunas plumas por debajo del sombrero.

Los dos bardos hondureños gozaban ya de algún crédito en la Madre Patria, pues su Revista Nueva llegaba regularmente a manos de intelectuales españoles.

De gran provecho les fue la presencia en Madrid de don Alberto Membreño, sabio jurisconsulto y lingüista, y del señor Ramírez Fontecha, quienes representaban a Honduras ante S.M. Alfonso XIII, en el asunto de límites con la hermana República de Nicaragua, sometido al arbitraje de aquel monarca. Pero el más valioso auxiliar de ellos fue quizás el pintor Carlos Zúniga Figueroa, quien estudiaba por ese entonces bajo la dirección de los mejores maestros españoles.

En unión de tan ilustres amigos, nuestros jóvenes turistas presenciaron el espectáculo de una corrida de toros. Mientras la dura lidia produjo en Turcios repugnancia y rabia, en Juan Ramón despertó, no el indio crudo como alguien dijo, sino la media sangre hispana que le hervía entre las venas; y en un arrebato de inspiración taurina, escribió un hermoso soneto, conocido hoy como Apoteosis Final, dedicado a Turcios y Chocano.

> Como en el circo, — entre el gritar sonoro
> del pueblo entusiasmado y vocinglero,
> ante los pies del pálido torero
> de chaquetilla recamada de oro,
> Muere temblando el furibundo toro
> que fatigó el audaz banderillero,
> o el picador, en su embestida artero
> entre entusiasta y resonante coro—.
>
> Tal morirá, tras nuestra heroica lidia,
> la bestia ciega y torpe de la envidia,
> doblando la cerviz a nuestras plantas;
>
> y coronado de encendidas rosas
> nuestro triunfo las plebes clamorosas
> saludarán con todas sus gargantas.

Después salieron a conocer algunas ciudades españolas, particularmente Toledo, Granada y Sevilla, donde la historia, primero, y la leyenda después, amontonaron maravillosas revelaciones.

Después de breve estancia en la Villa del Oso y del Madroño, nuestros compatriotas se dirigieron a París, no sin antes tomar parte en las tertulias de los famosos Cafés, de esos cafés madrileños cuya vida incomparable nos relatan Eduardo Zamacois y Pedro de Répide.

No debemos olvidar que tanto Molina como Turcios manejaban el arte de la charla con gran soltura y animación, magnetizando a sus oyentes.

En esa oportunidad, ellos dieron a conocer, no solamente sus propias composiciones, sino también la de muchos poetas hondureños y centroamericanos.

Molina recitaba sus poemas Río Grande, El Águila, Tus manos, Una Muerta y su reciente Salutación a los Poetas Brasileros.

Entre sus sonetos, LA OLA le era favorito:

Ora dormida en la extensión serena
del polífono mar que el orto dora.
parece, a veces, que a lo lejos llora
o que canta cual pérfida sirena.
Inquieta luego, de temblores llena,
se enarca como sierpe silbadora,
o apagándose rueda arrulladora.
con un grave susurro de colmena.

Otra vez surge con furor insano
llevando en sus entrañas escondida
la amarga bilis del revuelto océano.

Y de pronto, en un vértigo violento,
estalla en la ribera, sacudida
por el foete de ráfagas del viento.

Con una voz de actor, finamente impostada, y con una presencia que calaba hasta muy hondo, Molina daba a sus versos un acento subyugante. Sabía escoger los poemas adecuados a cada oportunidad. Y se echaba —como él decía— lo mejor de su guardarropa encima. Claro: la apoteosis no se hacía esperar.

Algunos años antes había fallecido don Emilio Castelar, llevándose consigo la edad de oro de la oratoria castellana. Molina le era deudor de aquel espaldarazo consagratorio, pues el excelso tribuno, al leer "El Águila" en 1898, exclamó: "Quien escribió ese gran poema, águila él mismo tiene que ser!" Molina siguió, pues, a París, con el pesar de no haber conocido a quien, desde ultramar, le había estimulado en forma tan generosa y con tanta autoridad.

Filando el novencientos, las corrientes parnasiana y simbolista, bifurcadas en Francia durante la segunda mitad del Siglo XIX, se abrazaron de nuevo en un movimiento caudaloso y fuerte, con características muy semejantes a las del Modernismo Hispanoamericano. Este movimiento tuvo como iniciador y jerarca máximo a Paul Verlaine —"Salve, maestro mágico, liróforo celeste!"—, participando también Mauricio Maeterlink, Jules Laforge, Charles Guérin, Paul Claudel, Pierre Louys, André Gide,

Francis James, Paul Valery, Henri de Regnier y otros de igual o parecida talla.

En ese juego de construcción ideo—sensual tuvieron carta activa muchos intelectuales latinoamericanos, como Amado Nervo, Rufino Blanco Fombona, Francisco y Ventura García Calderón, Alejandro Sux, José Enrique Rodó, Eduardo Carrasquilla Mallarino, Leopoldo Lugones, y los centroamericanos Enrique Gómez Carrillo, Luis Andrés Zúñiga, Arturo Ambrogi y Aquileo J. Echeverría. Y henos ya en el primer cuarto de la actual centuria.

Es octubre de 1906, cuando Turcios y Molina hacen su ingreso en París, la colmena de la luz. Don Frausto Dávila ha ido a Berlín en busca de un especialista que le trate cierta dolencia. Permanecen pocos días. El otoño entumece de nieve la ciudad. El paisaje es trasunto de un cementerio recién blanqueado, y a Juan Ramón, que ya lleva sobre los hombros la cruz de una fatal hipocondría, no le hace pizca de gracia. Decide entonces aprovechar su tiempo para cumplir un ofrecimiento, cuál era el de ponerle prólogo a la novela "Annabel Lee", de Froylán Turcios. Este, en cambio, fascinado, recorre en un "sigthseeing" la ciudad funambulesca, cuya vibración se manifiesta de las paredes hacia adentro: el hechizo de tales impresiones ha de impelerlo a volver años más tarde, ejerciendo la representación diplomática de su patria.

De regreso en París, don Fausto le comunica a Molina que tiene instrucciones del Presidente, General Bonilla, de dejarlo como Cónsul General de Honduras en el sitio de Europa que él tenga por conveniente; pero el poeta, que sigue siendo "un salvaje huraño y silencioso a quien la urbana disciplina enerva", declina el ofrecimiento. Don Fausto viaja entonces a Ginebra para solicitar los amistosos oficios del poeta Leopoldo Díaz, Cónsul de la República Argentina, pero la actitud de Juan Ramón es igualmente negativa.

Fue por entonces cuando Molina y Turcios conocieron personalmente al escritor colombiano José María Vargas Vila, quien habitaba, —según refiere Turcios—, en un hotel de la Rue Lafayette. Vargas Vila actuaba como Secretario de la Legación de Nicaragua en Madrid, compartiendo el trabajo y las parrandas con Darío. A la sazón hallábase pendiente ante S.M. Alfonso XIII la controversia de límites entre Honduras y Nicaragua. Al mencionar Vargas Vila el asunto limítrofe con cierta intención hiriente, Molina se le fue encima esgrimiendo su bastón y por poco se arma el lío, de no haber mediado oportunamente Froylán junto con otros amigos.

Por causas que aún se desconocen, Anabell Lee permanece inédita. Ante la curiosidad, insidiosa a veces, de muchos escritores nacionales y extranjeros, Turcios, a título de explicación, enfatizó que había resuelto no publicarla por motivos de carácter personal. El entrelineado de la misma explicación da a entender que la novela retrataba a personajes fácilmente identificables en el ambiente local, y que los parecidos no son mera coincidencia, como rezan las películas de hogaño.

Son muchos los que en Honduras han propalado la especie de que esa obra no salió a la estampa porque la esplendidez del prólogo la eclipsó de golpe. Infundio de tal jaez sólo puede apoyarse en cualquiera de estas dos razones: liviandad de juicio o prurito de zaherir. Porque, sin negar uno tan solo de los méritos que consolidan el aludido prefacio, pieza digna de la mejor antología, estamos en condiciones de afirmar que Froylán Turcios es uno de los más finos y acertados narradores de la lengua de Castilla.

En prosa helénica, tersa, armoniosa. Turcios le dejó a la posteridad, novelas, cuentos, memorias y relatos que evidencian la fuerza descriptiva y el equilibrio y fulgor que sólo pueden hallarse en las obras maestras de la Literatura. ¿Habéis leído "El Fantasma Blanco", "Salomé" y algunas páginas de sus "Memorias", para sólo citar tres, vía de ejemplo?

No ocurre lo propio en tratándose de su producción poética. Quien compare los versos de Froylán con los de Juan Ramón, encontrará un notorio desnivel, porque a los del primero, —no obstante su mejor arquitectura, vale decir, su construcción formal—, les falta ese soplo misterioso capaz de iluminarlos, remontándolos hasta los limbos nutricios del pegaso moliniano. Este extremo puede comprobarse a satisfacción en la poemática general de ambos, y, más específicamente, en poemas que, bajo el mismo título, dejaron ellos al juicio de las generaciones: Madre Melancolía, Tus Manos, Primera Cita. En suma: tratándose de poesía, la batalla es desigual; pero en cuanto a otras categorías literarias el parangón procede de derecho, porque Turcios exhibe títulos de irrecusable validez. Es muy probable que Molina, de haber vivido allende la edad de Cristo, habría esculpido verdaderos monumentos en prosa, pero la muerte le sorprendió con el cincel en la mano. Turcios en cambio, sobreviviendo en muchos años a su amigo, dispuso del tiempo suficiente para afinar, iluminar e impostar su obra, su obra que es un concierto de forma y de luz, de color y movimiento, de música y de perfume.

Nada tenía, pues, qué envidiarle el insigne olanchano al glorioso apolonida de "Tierras, Mares y Cielos". Y debe desterrarse, desde luego, por hueca y antojadiza, cierta conseja de que Turcios sentía celos de Molina. En primer lugar, quienes conocieron personalmente a Froylán saben que él tenía de sí un concepto muy elevado; casi puede afirmarse que sobrestimaba su poder creador, ya que solía tratarse en un pie de igualdad con las figuras mundiales de su tiempo; y en segundo lugar, la mejor prueba de su nobleza de alma es la edición que hizo de los poemas de Molina en 1913, tras ardua búsqueda en revistas y periódicos, donde aquéllos se encontraban dispersos. Hay que pensar en lo que significa un esfuerzo de tal naturaleza, cuando todo ese material estaba diseminado dentro y fuera de la América Central. Esa primera edición es la que ha servido de matriz a todas las realizadas con posterioridad.

El ya célebre Prefacio, que es por sí solo capaz de perpetuar la memoria de su autor, no podría faltar en este ensayo. Comienza así:

I

...Es en Parlas, en un cuarto de hotel, mientras la gran Cosmópolis ilumina férricamente sus calles, realzadas por los simulacros de los héroes del pensamiento y de la acción, donde trazo el prólogo de este idilio de amor. De amor y de dolor. Si comprimís el libro en vuestras manos, en una hora de meditaciones, quizá tomaría la forma de un corazón, tan enorme cantidad de ternura y de amargura hay en sus páginas. No os imaginéis que su autor tiene esos dolores ancestrales, producto de secretos atavismos; ni que ha sido atormentado por esas penas vergonzantes de las razas envejecidas y empobrecidas por una larga serie de crímenes y locuras. El libro es un desbordamiento de lágrimas sinceras: las veréis correr en algunas de sus páginas, más a veces son tan dulces y a veces tan amargas, tan salidas de los más profundos pozos del espíritu, que no hay mujer que, en la primavera de su existir, no quiera abrevarse lentamente en ellas, como una corza sedienta en las frescas aguas de un manantial perdido en el riñón de las sierras.

Llora el poeta sobre sus enfermas ilusiones; pero su llanto no os quemará como un ácido corrosivo, ni os envolverá en una atmósfera de melancólicas añoranzas. No es su tristeza la de Leopardi, cuando, en una tarde de fiesta, oía a lo lejos la canción del artesano que le recordaba las alegrías de un paganismo remoto; ni la de Byron, sentado a popa, frente al mar turbio e inquieto, sin más consuelo que los ojos vidriosos de su mastín, mientras se alejaba, entre la bruma llena de gaviotas, de las costas hostiles de Inglaterra, donde se quedaban su mujer y su hija, que jamás volvería a ver; ni es la del Dante de la VITA NUOVA, en su fresca y sonrosada mañana poética; ni la de ninguno de esos grandes poetas malditos que, renegando de la vida, o emborrachándose de tinta o de alcohol, se entregan a una muda desesperación que les consume como una fiebre, o se escapan dela vida por la puerta falsa del suicidio. Honda, ciertamente, es la tristeza de Turcios; más si tenemos un poco de imaginación y de espíritu, es imposible que no nos conmovamos profundamente al ver desarrollarse ante nuestros ojos uno de los idilios más frescos, y, sobre todo, más verídicos que ha tenido por cuadro el fragante edén de la naturaleza de los trópicos. Porque tal idilio no puede suceder más que en un país de sol, de corrientes y de perfumes. Ponedo, verbigracia, en una gran ciudad, en Nueva York, en Londres o en París, y tendréis una historia de amor como muchas, digna de una novela por entregas o de las columnas folletinescas.

Es necesario, pues, para comprender ese idilio, imaginarse la naturaleza que le ha servido de marco, las circunstancias ambientes que han rodeado a la pareja de enamorados, el medio local y hasta el carácter íntimo de los protagonistas. En ninguna de esas ciudades puede verificarse lo que se narra en estas admirables páginas de amor; de ensueño. La lucha terrible por la vida, el doloroso refinamiento de la civilización, el estado morboso de supersensibilidad del hombre y de la mujer, son óbice para concebir un poema semejante, que necesita de un medio bien diferente del trabajo por los siglos y las razas.

Para que Lamartine pudiese escribir GRAZIELA, tuvo que ir a buscar una isla de coral, un caliente rincón madrepórico en el fondo del radioso Golfo de Nápoles, sembrado de islas de fábula y de leyenda, como aquellas en que se estrellaba el barco de Simbad, y donde, entre otros pescadores sencillos y fanáticos, podría encontrarla casta virginidad de su amada, defendida por los frescos azures de los amaneceres y las sales de las brisas del Mediterráneo, que mecieron las naves dóricas y las galeras latinas.

El abate Prevost, por un momento, nos logra conmover con los amores de un petardista y de Manon Lescaut, macerada y envilecida en todos los lechos de alquiler; pero para que su novela no acabe cómicamente con un desenlace de hospital, impregnado de ácido fénico, tiene que enviar a su heroína en el vil cordón de las prostitutas, después de cercenar su cabellera en la fría estancia de un juzgado, a morir en los silenciosos páramos de la Louisiana, sin más sudario que las arenas del yermo. Chateubriand colocó a Atala y René, no precisamente a orillas del Sena, sino a la ribera del Mississippi, arrullado por el gigantesco rumor de las selvas vírgenes, donde las tribus aborígenes, empenachadas de plumas de águila, bautizaron sus hijos y abrevaron en sus cauces. Bemnardino de Saint—Pierre hubiese caído en ridículo cuando, queriendo entretener a la frívola corte de Versalles, harta de minués y de profecías de salón, hubiera compuesto un poema de pastores bajo las umbrías de los Trianones, que cubrieron las meditaciones de Ronsard, y que, muchos años después, evocara nostálgicamente el autor de LA SAGESSE, el infeliz Verlaine, el más ilustre y desventurado de los anfiones de la Francia contemporánea.

Saint—Pierre necesitó, para refrescarlos espíritus atediados de su tiempo, llevarlos a una isla lejana, de grandes árboles melodiosos, poblada de antílopes y de cabras, donde una pareja de niños se besarla bajo un cielo libre y en medio de una naturaleza libre. Pero ¿a qué seguir? No hay poeta en Francia, desde Víctor Hugo hasta Esteban Mallarmé, que no haya aspirado, desde el seno de esta cultura artificial, a esos países remotos de climas templados y muelles, de sangres cálidas y de pasiones violentas, donde el amor no se finge, ni los besos se ponen en almoneda. Todos ellos, desde la mitad del siglo XVII hasta la del siglo XIX, parece que, desde el bufete de su cuarto de trabajo, aspiran con melancolía, bajo la sugestión del ensueño, a esas tierras de ultramar, penínsulas de encantamiento, islas rientes y aromadas, tierras de miel y de leche, donde el amor todavía se presenta como en los tiempos felices del mundo, cuando los refinamientos de la cultura no habían prostituido la sagrada pasión, y los códices no habían puesto un valladar entre los sexos.

Recordad a Víctor Hugo hablándonos de Tahití, de esa dulce, tibia y muelle Thaiti, cuando los europeos no la habían deshonrado con sus crímenes, sus enfermedades y sus alcoholes; a Mallarmé, harto de bibliotecas y de amores fáciles, sintiendo que le llegaba un soplo de brisa marina, sugiriéndole la visión de una isla remota, perdida en los mares del trópico, coronada de cocoteros y de árboles de pan, en cuya ribera armoniosa canta el agua azul, los mariscos semejan flores vivas y hay grutas de las que salen cascadas diáfanas y dulces. Todos los poetas, y especialmente los de las razas cansadas y viejas, tienden, en ciertos momentos nostálgicos, a esas tierras perdidas en remotas latitudes, donde los árboles crecen monstruosamente, las frutas tienen forma, olor y sabor extraños, los pájaros han salido de un cuento de Las Mil y Una Noches, los lagos parecen copas de lapis lázuli y los ríos, claros, alegres y armoniosos, reflejan las auroras y los ortos de un cielo joyante, que no ha ennegrecido todavía el humo de las chimeneas...

Y así discurre el proemio, con ese estilo lujoso, florido y altisonante, que nos revela a Molina como un prosista de alta prosapia.

CAPÍTULO X: TIERRAS, MARES Y CIELOS

"Yo vine acompañando las cenizas desde San Lorenzo...Y vi en Pespire que una anciana se arrodilló en una puerta al pasar esta caja. Yo vi a los niños de las escuelas con palmas en las manos, alzar la frente para mirar esta caja, oí decir a alguien en Sabanagrande: "Yo fui enemigo de Molina", pero ese alguien llevaba en la mano una corona de laurel que colocó junto a su urna. Esa es la gloria: dominar el tiempo todo.

Hacer que la anciana —símbolo del pasado— se arrodille. Hacer que los niños —encarnación del porvenir— alcen la frente y saluden con palmas al que se fue vivo de la Patria y ahora vuelve inmortal. Esa es la gloria, vencer, ya muerto, al enemigo vivo, y obligarlo a tejer coronas de laurel en vez de la corona de espinas entretejida por el odio".

JUAN RAMÓN AVILÉS
Discurso a nombre del Ateneo
de Nicaragua—1918.

A bordo del barco alemán "GraffWalderse", se encuentran Molina y Turcios de regreso al patrio suelo. Es noche de luna y el mar ejerce un hechizo irresistible. Sobrecubierta, los dos conversan fraternalmente:

—Mi querido Froylán: te repito aquí —y a Dios pongo por testigo— lo que te dije una tarde en Rio de Janeiro: seamos dos hermanos ligados por la inteligencia y por el corazón. Que sean mutuos nuestros dolores y nuestras esperanzas. Unámonos para luchar y vencer, y tendamos a todas las cumbres las alas unánimes.

— Tú sabes bien, Juan Ramón, cuánto te aprecio y admiro.

—Lo sé; pero es bueno hacer énfasis en ciertas cosas. Tal vez antes no hemos tenido del todo buenas relaciones, por haber creído —y en mala hora por cierto— que el uno podía estorbar al otro... Pero hemos comprendido por fin que somos mitades de una sola entidad, que el uno completa al otro, que nuestros nombres vivirán unidos, y que resuminos una época literaria de nuestra Patria: nada menos que los últimos cincuenta años!

—Sellemos, pues, con un abrazo esta amistad que sólo la muerte podrá romper.

Y guardaron silencio. Un silencio solemne, lleno de palabras augurales. Froylán abrió de nuevo el diálogo:

—Juan Ramón: ¿cómo piensas bautizar tu primer libro?

—He hallado un nombre sugestivo, oceánico, total: Tierras, Mares y Cielos.

— Me parece espléndido. Te felicito. Brindemos por que aparezca pronto.

Pasaron entonces al bar para hacer un brindis. Y Turcios, abstemio en la total dimensión de este vocablo, alzó su copa plena, quizá por la primera y última vez en su larga existencia temperante.

De nuevo en sus respectivos camarotes, Froylán comenzó a esculpir una de esas reminiscencias que años más tarde publicaría como Páginas del Ayer, mientras Juan Ramón daba los últimos toques a su bello poema náutico: TAHITÍ IDEAL, cuyos primeros tercetos, dicen:

Una tierra olvidada en un cerúleo piélago,
como eslabón perdido de un remoto archipiélago
una tierra olvidada en un cerúleo piélago.

Una isla misteriosa, una feliz quimera,
gozando de una dulce y opima primavera,
una isla misteriosa, una feliz quimera.

Donde jamás anclaron sus carabelas cautas
—en busca de tesoros los blancos argonautas —
donde jamás anclaron sus carabelas cautas.

Ni brillaron las hojas de sus rudos aceros
entre sus platanares y verdes cocoteros,
ni brillaron las hojas de sus rudos aceros.

Ni el eco belicoso de sus claros clarines
turbó la paz eglógica que reina en sus confines.
ni el eco belicoso de sus claros clarines.
Ni vio flotar al viento, sobre su costa brava
un pendón purpurado o una bandera flava,
ni vio flotar al viento, sobre su costa brava.

Una isla misteriosa, una tierra sin nombre,
que nunca han deshonrado los crímenes del hombre,
una isla misteriosa, una tierra sin nombre.

Bajo el follaje umbroso de los llorosos sauces
los manantiales corren dulcemente en sus cauces,
bajo el follaje umbroso de los llorosos sauces.

Extraños caracoles de marfil y de rosa
el mar riega en su playa tranquila y melodiosa,
extraños caracoles de marfil y de rosa.

Antílopes de grandes miradas femeninas.
retozan en los claros de florestas divinas,
antílopes de grandes miradas femeninas.

En marzo de 1907, una revuelta apoyada por el General José Santos Zelaya, Presidente de Nicaragua, derrocó al Gobierno del General Manuel Bonilla.

Zelaya, sagaz y poderoso, inteligente y vengativo, no iba a quedarse con el golpe que recién le propinara el caudillo hondureño, al ganar la controversia limítrofe sometida por ambos países, desde 1904, a la decisión de S.M. Alfonso XIII, Rey de España.

Como es de lato conocimiento, el Laudo Regio, pronunciado el 23 de diciembre de 1906, favoreciendo la pretensión de Honduras, tiene, —al tenor de la Convención Gámez— Bonilla que le dio origen al compromiso arbitral—, el valor de una sentencia perfecta, obligatoria y perpetua contra la cual no cabe recurso alguno. Y esa sentencia le puso punto final a la disputa.

El General Bonilla es el padre de la legislación civil, penal, militar, administrativa, mercantil, diplomática y procesal emitida en 1906. También es acreedor al reconocimiento popular por su decidido amor a la cultura. Tuvo como Ministro de Educación nada menos que al General Sotero Barahona, jurista, militar y hombre de Estado. Actuaban, asimismo, como consejeros del Presidente, los más ilustres hombres de aquel tiempo: Rafael Alvarado Manzano, Fausto Dávila, Presentación Quesada, Alberto Membreño... é ¿para qué más? Y los poetas tuvieron allí su Arcadia y su edad de oro: Turcios, Molina, Canales, Reina, los Coello, en fin.

He hizo el mejor gobierno, de su tiempo, ya que según la filosofía del Partido Nacional, recién fundado por él, todo hondureño capaz y honrado tenía derecho a participar en el manejo de la cosa pública. He ahí el primer ensayo de conciliación nacional que tuvo nuestro país.

Al caer don Manuel, advino una Junta de Gobierno integrada por el General Máximo B. Rosales y los doctores Miguel Oquelí Bustillo e Ignacio Castro. Esta Junta instaló como Presidente Constitucional al Vice Presidente electo, General Miguel R. Dávila, hombre de una probidad sólo comparable a la de Cabañas. Pero los intereses creados se interpusieron en el programa del nuevo Gobernante, y sobrevino el caos.

Juan Ramón Molina ha vuelto de Europa, después de revisar las nociones sustantivas de su cultura y de afinar el cordaje de su lira.

Abríase el nuevo año como rosa de los vientos, cuando, con la caída del Gobierno, se derrumba el edificio de sus más caras esperanzas. No es difícil figurarse el desconcierto que le sobrecoge. Porque el hombre, mientras más arrogante es en la altura, más cobarde se vuelve en la adversidad.

Su derrocado protector se va al exilio y a él no le queda otra alternativa que seguirlo. Está pobre y sin amigos. Pobre porque, pese a sus buenas entradas de los últimos años, jamás ahorró un centavo; y sin amigos, porque él no supo hacerlos ni mucho menos conservarlos. Y porque, además, cuando estamos caídos las amistades brillan por su ausencia; se nos esfuman como por encanto.

Y si eso fuera todo, pase. Pero cercaron su noche los chacales y las hienas: los primeros atacando y las segundas revolviendo podredumbre.

El Poeta, hasta entonces combatido por sus ideas pero jamás negado en su virtud creadora, se veía hoy infamado por la envidia y escupido por la cobardía. Ya no era el Príncipe de los Cantores Nacionales, como en sus ratos de euforia le llamaban algunos compatriotas, sino "un simple borrachín que, dilapidando los fondos públicos, cruzó el Atlántico sólo para cambiar de guaro..."

¡Y él, que en regresando de su gira, se sentía revivir, con flores y mariposas aleteándole en el alma!

Como consecuencia de la invasión al patrio suelo, emprendieron el éxodo glorioso, rodeando a su caudillo, muchos esclarecidos hondureños entre quienes figuraban los doctores Mariano Vásquez, Rafael Alvarado Manzano, Rafael Alvarado Guerrero, Augusto C. Coello y Abrahan J. Pinel. También iba Juan Ramón, como un sol en la derrota. De Amapala, los tristes emigrantes pasaron al puerto salvadoreño de La Unión, donde el General Bonilla abordó un barco mejicano con destino a New Orleans.

Los que quedaron siguieron hacia San Miguel, yéndose luego a Berlín, próspero pueblado cuscatleco, donde el Caballero don José Cipriano Velásquez, en unión de su culta y gentil esposa doña Julia Bain —ambos hondureños de origen— les brindaron por tres meses, amplia y generosa hospitalidad en su Finca "La Tegucigalpa".

Don Cipriano Velásquez hizo de El Salvador su segunda Patria, después de haber desempeñado en Honduras varios cargos de importancia, tales como Alcalde de Comayagüela, diplomático en Francia y Guatemala, y Presidente del Banco de Honduras.

Al amparo de ciertas garantías ofrecidas por el nuevo Gobierno, regresaron a la tierra natal todos los exiliados, con excepción de Juan Ramón Molina, Abraham J. Pinel y Augusto C. Coello, quienes enrumbaron hacia San Salvador, buscando más altas cumbres para su vuelo. Allí encontraron a dos de sus mejores amigos: Román Mayorga Rivas y Julián López Pineda, con cuya ayuda proyectaban reanudar la publicación de "Espíritu", revista literaria de la cual ya habían salido cuatro números en Tegucigalpa.

Mayorga Rivas había colaborado en La Revista Nueva, de Turcios y Molina. Allí se publicó un poema suyo dedicado a Juan Ramón. Y ahora rectoraba el Diario de El Salvador, del cual era propietario. Hombre de gran cultura, había viajado mucho. En cierta oportunidad fue Sub Secretario de Relaciones en Nicaragua, su patria. Y con ese caudal de constructoras experiencias vino a fundar, en 1895, el Diario de que se hace mérito, revolucionando con él la técnica periodística en la América Central. Sus columnas ostentaban con frecuencia los nombres de brillantes escritores y poetas hispanoparlantes y allí Molina encontró alero para guarecerse de la tormenta.

Julián López Pineda, recién llegado de Santa Ana, en el Occidente de El Salvador, dirigía "El Diario", fundado por él mismo; y al arribo de Molina, su entusiasmo creció tanto que juntos emprendieron la publicación de Ritos, revista humanística que fue de efímera existencia.

López Pineda fue el compatriota más abnegado y leal con que contó nuestro Poeta en su destierro, en ese corto destierro que a poco más de un año desembocaría en su muerte física. López Pineda no solamente le dio trabajo en su propio Diario sino que, haciendo suya la desgracia del compañero, gestionó para él varios empleos, tales como Examinador en colegios de segunda enseñanza, Corrector de Pruebas y Redactor del Diario Oficial. Por cierto que estos últimos destinos ya no encontraron al "Cantor del Río Grande" en condiciones propicias para tales desempeños.

El hibuerense extraordinario recibió en Cuscatlán la acogida más cordial. Ardía entre los círculos mentales el óleo de la emoción creadora, combustionado por la corriente modernista. El mismo Mayorga Rivas reclutaba para su Diario el concurso de connotados literatos centroamericanos: Alberto Uclés, Salvador Calderón Ramírez, Carlos Gagini, Policarpo Bonilla, Roberto Brenes Mesén. Máximo Soto Hall, Azarías H. Pallais, Froylán Turcios, Enrique Gómez Carrillo, Salatiel Rosales, y así otros tantos por el estilo.

Funcionaba en ese tiempo con éxito halagüeño la Sociedad "Juan Montalvo". Daniel S. Meléndez editaba una magnífica Revista llamada "Centroamérica Intelectual", donde colaboraban Manuel Quijano Hernández, Francisco Herrera Velado, Juan Ramón Uriarte, Gustavo Solano

Guzmán, más conocido por El Conde Gris, Alfonso Espino, Vicente Acosta, José María Peralta Lagos (T. P. Mechin) y otros intelectuales de semejante cartel, sin excluir la simpática personalidad de Manuel Álvarez Magaña, quien fuera compañero entrañable de Molina desde su arribo a San Salvador hasta el día de su muerte. Fue por cierto en el Parque Bolívar, donde Juan Ramón escribió su Poema "Los Cuatro Bueyes", dedicado a Álvarez Magaña. Es un romance, dolido por el destino de aquellos cuatro animales melancólicos, lamentablemente flacos. Comienza describiendo la tristeza que vive la ciudad a esa hora.

El Parque semeja una necrópolis cerrada hace mucho tiempo. Retrata al transeúnte que pasa debajo de su paraguas y al rapaz que camina a grandes saltos; a la mujer miserable que regresa del mercado, al cartero y a la joven con su chal azul y blanco... Y una linda señorita —toda gracia y todo garbo— con música en los tacones y sonrisas en los labios — y en los ojos alegría y un ramillete en las manos...". Y se lamenta de que nadie vuelve los ojos hacia los míseros bueyes que yacen inmóviles sobre el charco, uncidos a sus carretas llenas de cajas y fardos. La parte final dice:

Sueñan los bueyes. Sus ojos
se reflejan en el charco,
llenos de dulzura, con
las visiones de los campos,

verdes y tibios, a la hora
sugestiva del ocaso,
en que un matiz de violeta
tiñe los bosques y prados,

y los senderos de hojas
y los arroyos y pastos,
y el corral, en donde mugen
con un tono dulce y blando,

llenos los ojos profundos
de toda la paz del campo.

Y, en esta tarde lluviosa,
fijos en el empedrado,

sienten un odio implacable
por su vida de trabajo;
por la ciudad, con sus casas.
llenas de bultos y fardos,

con su rumor de tranvías,
con sus postes telegráficos,
con su trajín y su bulla.
y su mentira y su escándalo,

y el estruendo de sus trenes,
y sus coches charolados,
que no valen lo que vale
la placidez de los campos,

el monólogo del rio,
la dulce flauta del pájaro,
el limpio azul de los cielos
y la libertad del prado.
Habitante de la Osa

Hermano soy en la pena,
miseros bueyes, hermano
de vosotros. Tengo el alma
triste de muerte. Soñando

muero. Soñar es mi culpa
de la vida sobre el charco,
con un existir más dulce,
un mundo más aromático,

lejos de todos los libros
hechos por los hombres vanos,
cuyo veneno corroe
mi corazón lacerado.

Lejos, muy lejos, en un
rincón, risueño y arcádico,
donde la naturaleza
dé a mi cerebro descanso,

y me vuelva como un dulce
manantial, alegre y claro,
y mi alma se torne fuerte
y sencilla como el árbol.

Hermano soy en la pena,
miseros bueyes, hermano;
más es en balde que sueñe
como vosotros. Tirando

siempre estaremos. Vosotros,
de una carreta con fardos,
y yo del orbe sombrío
de mi espíritu fantástico.

El ambiente cuscatleco habría sido, más que propicio, maravilloso para un Molina de diez años atrás. Pero el hombre de ahora era apenas una sombra de sí mismo, algo así como una edición envejecida prematuramente, ya carcomida y sin remiendo posible. El fulgor de aquellos ojos que a tanta castellana subyugaron en Madrid, se había opacado sensiblemente. El vigor de aquellos puños que en más de una ocasión hicieran morder el polvo a tarambanas y lechuguinos, menguaba a todo galope. Y se esfumaba la elegancia de su indumentaria, para dar paso a un presencia hosca, amargada y en proceso de franco deterioro.

Ya le asaltan alucinaciones de tipo alcohólico. Y día a día estas negras visiones "poeneanas" lo van arrinconando hasta desesperar:

EN LA ALTA NOCHE

En la alta noche, cuando el mundo duerme
en completa quietud;
cuando los foscos genios de las sombras,
sus membranosas alas de murciélago
abren bajo el capuz,
que encierra este planeta miserable
como un ataúd:
cuando el insomnio irrita nuestros ojos
cargados de sopor;
cuando parece caminar muy lenta
la aguja del reloj:
cuando en el aire de repente dice
nuestro nombre una voz;
cuando nos tienta una invisible mano
causándonos terror:
cuando la sangre a la menor sorpresa
golpea nuestra sien,
y contenemos nuestro aliento tímido
ignorando por qué;
cuando una negra turba de recuerdos
nos hostiga cruel,
y anonadarse sin dolor sentimos
nuestro embotado ser:
cuando la orquesta de los grillos lanza
su chirrido sin fin,
y tras la blanda venda de los párpados
mira el ojo febril,
fosfóricos fantasmas y visiones lentamente surgir,
de un abismo confuso y visionario
en enjambre sutil:
he meditado en el amor aciago,
en el amor fatal,
con que ligó nuestras opuestas almas
la ciega adversidad;
en el amor que fue nuestro tormento,
que siempre lo será;

en el amor que tan variable te hizo,
que me hizo tan falaz;
en el amor que me lanzó en los brazos
del pesimismo atroz,
que pensar me hizo que la vida humana
no era más que dolor,
no era más que una pena continuada,
una horrenda expiación,
una terrible burla del destino,
un engaño de Dios.
Han venido después a mi memoria
los sarcasmos de Heine,
las amargas blasfemias de lord Byron,
en medio del placer;
la infinita tristeza y los dolores
del pálido Musset;
las penas de Leopardi y los sombríos
versos de Beaudelaire.
Entonces he querido anonadarme
sin saber lo que fui,
morirme lentamente, lentamente,
sin gozar ni sufrir;
sin saber cómo vine a este planeta,
cómo me voy al fin;
sin saber si tuve alma o no la tuve,
si viví o no viví.

Es la hora más espesa de su noche. Se le reavivan las pesadillas de aquellos años en Tegucigalpa, cuando, a raíz del fallecimiento de su esposa, le acometieron terrores innombrables al grado de no poder dormir solo porque la difunta, según contaba él, lo había amenazado con no darle sosiego mientras no abandonara la bebida. Recordaba, para el caso, la noche aquella en que, durmiendo en compañía de su amigo Miguel Lanza —un hombre de pelo en pecho— sintió la extraña visita de un ser ultraterrestre. Ante el influjo de la visión, ambos quedaron paralizados, no pudiendo articular palabra.

Sin hacerse esperar mucho, el total desquiciamiento advino por gravitación y así le vemos bajar de las cantinas centrales a los tugurios pútridos, haciendo pleno convivio con cuchilleros y prostitutas.

Ya no escribe regularmente; más cuando lo hace, es luminoso todavía, tanto en verso como en prosa. De sus reminiscencias oceánicas extrae algunas motivaciones interesantes, como La Niña de la Patata, relato de teñida intención social. Escribirá también por esos mismos días dos sugestivas estampas: "Viendo el Río Acelhuate" y "A Orillas del Rio Lempa". Desarrollando esta última, reproduce un soneto suyo escrito en la primera juventud:

> Corre con tarda mansedumbre el río,
> copiando en sus cristales la arboleda
> y un monótono diálogo remeda
> con el viento su grave murmurio.
> Bajo el candente cielo del estío
> no se apresura ni estancado queda,
> sino que, lento y rumoroso, rueda
> a perderse en el piélago bravío.
>
> Tal se apresura la corriente humana
> con su rumor efímero de gloria
> reproduciendo una cultura vana;
> y —sin que mude el curso de su suerte—
> corre en el viejo cauce de la Historia
> hacia el mar misterioso de la Muerte.

Asimismo traerá a cuentas algunas disquisiciones ético—melancólicas en "La Tristeza del Libro" y en "El Dolor de Pensar".

Si en aquel lejano entonces se hubiera conocido el existencialismo, no hay duda de que "Dialogando con el Agua" sería una página de Sartre. Pero, al margen de los catálogos y de las rotulaciones, únicos expedientes susceptibles de variar —ya que las actitudes del hombre son las mismas en el espacio y el tiempo—, podemos fisonomizar la procedencia existencialista de este trozo bien amargo:

Yo. — Me parece que vas triste.

Ella. —(El agua)— Sí, tengo toda la melancolía de lo que voy arrastrando: un trozo de periódico en que se narra una horrible guerra; un billete amoroso, todo mentira; un dedal que abandonó una Margarita por seguir a un Fausto ridículo; un décimo de la Lotería perdido por su dueño y que ¡oh, ironía!, salió premiado con mil pesos; un rizo blondo de alguna pecadora...en fin, toda la tristeza de San Salvador.

Yo. —La corriente de mi alma lleva peores cosas que tú: cadáveres de odios y de amores, recuerdos ahogándose, ripios de ciencias y de literatura...

Ella. —El hombre, para ser feliz, necesita conservar pristino el manantial de su espíritu.

Yo. —Cómo conservar pristino el manantial del espíritu?

Ella. —No abrevándose en los pozos del mal.

Yo. —¿Del mal?

Ella. —Del mal, o de lo que tú llames el bien.

Yo. —Francamente, no te comprendo. Por lo visto has interpretado ya los oscuros enigmas de Enrique Ibsen y de Bjoemstjeme Bjoemson, esas esfinges escandinavas.

Ella. —He arrastrado algunas de sus sentencias. Pero en verdad te digo que una flor tiene más sapiencia que los dos. ¿Por qué? Porque tiene su fragancia.

Yo. —De modo que la sabiduría consiste en dar algo de sí, ¿aunque sea perfume?

Ella. —En dar lo que nos dio la Madre Naturaleza, no el artificio.

Yo. —Tiene el hombre algún perfume?

Ella. —Tuvo; más la civilización se lo robó, estrujando a tan bello animal. Hoy no huele, pero en cambio hiede como las alcantarillas...!"

Con motivo de haber fallecido Jeremías Cisneros en la ciudad de Gracias a principios de 1908, Molina le dedicaba una remembranza que, no por conmovida es menos justiciera:

"...Allí en aquel ambiente de bostezos, donde vagan los fantasmas de los Conquistadores, lejos de la civilización, se deslizó, en una paz arcádica, la vida de este noble amigo que, pudiendo serlo todo, se contentó con hojear sus libros; con vender, con paciencia acreedora a la dicha celeste, las mercaderías que importaban trabajosamente a través de las montañas; con visitar sus remotos hatos, leer los periódicos tegucigalpenses, escribir notables estudios de Historia y Sociología, y vivir en la contemplación de Dios y de la Naturaleza. Su misantrópica existencia fue la de un verdadero filósofo, huraño y sin hiel, recluido en el fondo de una Arcadia de pinos y de robles, que sólo se conmovía cuando alguna revolución, perturbando la paz de la comarca, iba a exigir empréstitos, a lazar mulas y a hacer degollina de vacas. Cisneros entonces se escurría a los montes, refugiándose en cualquiera de sus lejanas haciendas, regresando a Gracias para continuar su vida monótona, al disiparse la tempestad...".

Habla después acerca de su correspondencia con el egregio desaparecido:

"...Jeremías Cisneros, a pesar de su oro mental de buena ley, permanecía casi en la oscuridad, olvidado en su silencioso rincón de Gracias. El nombre de aquel eremita, que era un pozo de saber, enemigo de reclamos y de bombos, apenas si había traspasado los linderos parroquiales, cuando se verificó el renacimiento literario de Honduras. Durante varios años sostuve con él una interesante correspondencia sobre asuntos de letras. En junio de este recibí su última carta...".

Y a renglón seguido, dice:

"...Hace diez años, José Antonio Domínguez, que hoy yace en el herboso y oscuro camposanto de Tegucigalpa, Froylán Turcios que empezaba su brillante labor, y yo, que llegué de Guatemala ciego de luz y loco de armonía", pusimos su nombre de moda, manifestando el valor de aquel lejano y austero meditativo, cuya sobriedad de estilo contrastaba con la prosa difusa y sentimental de Ramón Rosa, con el verbo ruidoso de Adolfo Zúniga y con los períodos vibrantes e incorrectos de Álvaro Contreras. Si éstos parecen valer más que él, al sentir de la crítica local, es porque hicieron vida pública, porque se desarrollaron en un medio mejor. Rosa fue Ministro omnipotente, atacado de una egolatría sin límites, que, con todos sus lirismos lamartinianos, no tuvo escrúpulos, entre las muchas atrocidades que cometió, de hacer apalear a una infeliz vieja, causándole la muerte; Zúniga, más vanidoso que un pavo, vivió adorándose, arrullándose y contemplándose, sin embargo de que, en un certamen de belleza no se hubiera sacado el primer premio; y Contreras, que fue una especie de Héctor Varela Centroamericano, cuyos nervios hiperestésicos eran para él la túnica de Neso, se creía sinceramente el primer orador de la Tierra.

Los tres tuvieron el talento de cultivar con esmero su renombre, y así, ayudados por su posición social u oficial, se impusieron a la admiración de los demás. Cuando una crítica justiciera les depure su obra, se verá que, aún con todos sus méritos, valen menos de lo que se cree...".

Aquí es donde ya aflora un síntoma de la amarga neurosis que comenzaba a aquejarle, pues las tres grandes figuras que él se lleva de encuentro, habían recibido años atrás sendos votos admirativos de su pluma.

En el último periodo transcrito, el genial Comayagüela se muestra como un iconoclasta en quien la ponzoña del rencor deforma su sentido de ecuanimidad, hasta obligarlo a contradecirse lamentablemente. Veamos: en su artículo sobre "Honduras Literaria" (Guatemala, 1897), Molina tiene un párrafo de esta guisa:

"...Que mucho que con tantos obstáculos y miserias tengamos hombres que como Dionisio de Herrera y Céleo Arias estén resplandeciendo por sus virtudes cívicas desde ese olvidado rincón del mundo; estadistas y sabios que, como José Cecilio del Valle, salvando el solar nativo, vayan a causarle admiración a un Bentham; oradores que como Álvaro Contreras, ese eterno perseguido, vaya de playa en playa y de pueblo en pueblo, haciendo escuchar su verbo rebelde; escritores que, como Ramón Rosa, manejen el habla de Castilla hasta el extremo de que su estilo semeje uno como repiqueteo de campanillas de oro o ruido de chorros de perlas cayendo en ánforas de cristal...".

Acerca del Doctor Adolfo Zúniga, bien conocida es la oración fúnebre que el poeta de Tierras, Mares y Cielos pronunciara en su loa el 22 de noviembre de 1900, abribuyéndole calidades de "orador distinguido, escritor brillante y periodista de vuelo"; y en la cual, luego de elogiar al difunto, hace un nuevo panegírico de Contreras y de Rosa.

Podría argüirse que la conversión de Molina era el resultado de un análisis ulterior. por cuya virtud el hombre, al descubrir las flaquezas de sus ídolos, se ve en el caso de tirarlos contra el pavimento. Pero no hay tal, porque aún en 1907, inserta algunos conceptos como éste:

"...Fue un ilustre hondureño, un hombre de luminosa mente quien fundó en esta capital (San Salvador) el primer periódico diario. Me refiero a aquel singular talento que se llamó Álvaro Contreras, que arrastró por las cinco repúblicas su generoso y bullicioso lirismo, dejando en todas ellas el brillante rastro de su verbo y de su pluma...!

El hecho nos revela en Juan Ramón no solamente la sombra de un escepticismo cataclístico, sino también el principio de una amnesia alcohólica, unidos a un total y deliberado abandono de su ego. A los treinta y tres años le ha invadido una especie de menopausia mental y, víctima de su impotencia, usa como único recurso, el zarpazo fiero y ciego, inyectado de veneno.

Y aún herido de muerte, ruge y causa el espanto de otros días porque su garra, aunque maltratada por la acción de los excesos, conserva todavía su peligrosa potencia. Testimonio de este aserto es el revolcón que le propinó al romántico Julio Flórez, poeta verdadero pero bastante obsoleto, a quien algunos ubican dentro de los modernistas, sin dejar de reconocer que su ejecutoria es débil para semejante calificación. Es un rápsoda de tanto vuelo como Víctor M. Londoño, Joaquín Casas o Ismael Enrique Arciniegas, pero siempre subalterno, por supuesto, ante la jerarquía de un Pombo, de un Silva, de un Valencia o de un Barba—Jacob. ¡Y es que Colombia tiene tantos poetas... que los árboles no nos dejan ver el bosque!

Pues contra ese neogrardino sentimental es que Molina arremetió con furia de endemoniado despojándolo en un tris de sus medallas y lanzándolo a la calle. Después de afirmar que el Pegaso de Flórez pasta en bosques poco salubres y abreva en aguas impotables". Prosigue:

"...No es un clásico ni un romántico absoluto, ni menos un modernista. Dice su congoja, canta su placer, refiere la novela de su alma en versos sonoros, a veces muy incorrectos. Eso es todo. Parece completamente un extraviado de la literatura hispanoamericana actual, en donde —de diez años atrás— se nota una orientación definitiva. Quizá no tenga la culpa de andar perdido, con su laúd de trovador provenzal a cuestas, por teatros y salones, cosechando una gloria fácil y barata, mas, su bulliciosa jira puede convertirse en un silencio de sepulcro, como les ha sucedido a varios de su casta, con más ingenio que él; y en sus coronas, que él supone de oro puro y definitivo, en breve aparecerá el cobre de su veta literaria y el oropel de su inspiración hueca y pomposa...".

Más adelante, por fin, lo moteja de "sepulturero de corazones podridos", endilgándole otras barbaridades de idéntico jaez.

Por ese mismo tiempo falleció en Nicaragua el ex Presidente Terencio Sierra, el mismo que años atrás lo enviara a trabajos forzados en la Carretera del Sur. Al recibir Juan Ramón aquella nueva, exclamó jubiloso:

—Con que ya se murió, ¿eh? ¡Pues no pierdo la esperanza de ir a mearme sobre la tumba de ese puñetero!

Como venida de las regiones providenciales, apareció por entonces una estrella, rasgando su tiniebla. Era Otilia, vestida de ilusión. El Poeta sintió entonces el estremecimiento de una nueva vida. Y la sangre, ardida de ritmos triunfales, fue una fiesta de amatistas y rubies:

Tras verdes alturas,
allá, en su campiña,
me aguarda la niña
MAS LINDA DE HONDURAS.

Veinte años apenas
tiene la donosa,
la de tez de rosa,
manos de azucenas.

Es toda dulzuras,
tal como la piña
en sazón, la niña
MAS LINDA DE HONDURAS.

Habitante de la Osa
En la primavera
la halló mi destino,

yendo de camino
por una pradera,
en pos de aventuras
de amor o de riña,
y dije: —"¡Es la niña
MAS LINDA DE HONDURAS!"

Bajó sin enfado
la mirada al suelo,
cual si el mismo cielo
descendiera al prado
de moras maduras,
donde se encariña
jugando, la niña
MAS LINDA DE HONDURAS.

Dijo: —"Caballero
(alzando la faz).
no turbes la paz
que hay en mi sendero.
Otras hermosuras
vuestro brazo ciña;
yo no soy la niña
MAS LINDA DE HONDURAS"

—"Aunque emperador
fuera o alto rey,
por divina ley
te rindiera amor,
sí seguirme juras
a la fresca viña
do estará la niña
MAS LINDA DE HONDURAS".

En el dulce ambiente
oloroso a flores,
entre los alcores

cantaba una fuente
sus églogas puras
a aquella campiña
diciendo: —"Es la niña
MAS LINDA DE HONDURAS".

Con su boca que era
de rocío y miel,
boca de clavel,
borró la hechicera
las hieles impuras
que mi labio apiña;
tal hizo la niña
MAS LINDA DE HONDURAS.

En mi soledad
pienso siempre en ella,
porque como aquélla,
no habrá otra beldad,
que, en tardes futuras,
allá, en su campiña,
me ame cual la niña
MAS LINDA DE HONDURAS.

Y, nuevo Marqués de Santillana, febril y apasionado, cautivo en un concierto de himnos reivindicatorios, se casa por poder con la graciosa hondureña, representándolo en la ceremonia su hermano del ama: Luis Andrés Zúñiga. Era el 5 de mayo de 1908, en Tegucigalpa, y actuaron como testigos de la boda el Periodista Paulino Valladares y el Doctor Jesús Velásquez.

Voy a decir aquí lo que me inspiras
en nobles versos, de la rima pautas,
y a tocar —para ti— todas mis liras,
mis oboes, mis pífanos, mis flautas!

¡Oh, amada de la muerte y de la vida!
Oh amada, emperatriz de las amadas!
¡Parece que estuvieras defendida
como en un muro de cincuenta espadas!
Tu mano ungióme un bálsamo precioso,
diste a mi sed como un divino vino,
y hoy —otra vez— me siento vigoroso
como por arte mágico o divino.
Rosa de amor: ¡en mi jardín florece!
Casa de oro: ¡no estarás desierta!
Astro del alba: ¡surge y resplandece!
TURRIS EBURNEA: ¡llamaré a tu puerta!

(Obertura Sentimental)
—(Segmento)

Y se arrodilla ante el altar de Venus, en oblación de fe. En septiembre del mismo año, Froylán Turcios llega a San Salvador, procedente de Guatemala, donde sufre a la sazón la prueba de un ostracismo duro pero decente, fecundo siempre en producción literaria. Aunque su gira es breve, el tiempo sobra para solidarizarse con la dicha de su amigo. Dialogan. Se hacen mutuas confesiones sobre la situación personal de cada uno. Y preparan proyectos al por mayor...

Pero luego se interpone la visión aquella encapuchada de melancolía, y en su primera velada de este período de renacimiento, apura el Poeta una poción letal que es cocktail de cansancio, desengaño y pesimismo. Y por fin le aplasta el convencimiento de que él no es más que un Fausto que ríe con felicidad prestada:

¡Ah, mi primera juventud! La cierta,
la única juventud, la que es divina!
"Lejos quedó la pobre loba, muerta,"
asesinada por mi jabalina.

Al mirarme al espejo ¡cuán cambiado
estoy! No me conozco ni yo mismo;

tengo en los ojos, de mirar cansado,
algo del miedo de quien ve un abismo.

Tengo en la frente la indecible huella
de aquel que ha visto, con la fe perdida,
palidecer y declinar su estrella
en los arcanos cielos de la vida.

Hoy, que llegué a la cumbre de los años,
ante la ruta que a mis pies se extiende,
pongo los ojos, de terror, huraños;
más exclama una voz: ¡sigue y asciende!

Mas ¿para qué, Señor? ¡Estoy enfermo!
¡Me consume el demonio del hastío!
¡Toda la tierra para mí es un yermo
donde me muero de cansancio y frío!

(Autobiografía).

Ahora, más que nunca, la nostalgia de los risueños días le trepana el corazón. Ahora es cuando, con mayor potencia, cala en su espíritu el verso de Antonio Machado que él injertara como vértebra lumbar en el maderamen de su autobiografía:

"...Lejos quedó la pobre loba, muerta",
asesinada por mi jabalina.

Le obsesionan los recuerdos del hogar distante y de la madre anciana y sin recursos. Para sacudirse un poco la ceniza que cae sobre su alma, escribe varios poemas sencillos: Los Ojos de los Niños, A Ruth Mayorga Rivas, Páginas de Álbum, Cuando Partió un Amigo, donde sensiblemente afloja el pulso de su buril. Empero, como bajo el sol no existe esfuerzo perdido, "Los Ojos de los Niños" sirvió de inspiración a Enrique Galindo para hacer un poema de ternura en tinta china que aparece a página 35, edición de Tierras, Mares y Cielos, hecha por Ismael Zelaya en 1937:

Mas, dicen los ojos
con un elocuente silencio:
—¡qué opaco y marchito es el mundo
que nosotros vemos!
Felices los hombres que nacen
a la vida ciegos!
Entonces la Muerte,
que se halla en acecho,
se acerca de pronto a los niños,
—que le ven sonriendo—
y cierra de un golpe sus cándidos ojos
con la punta glacial de sus dedos!

(Final del Poema)

Y hablando de páginas tristes, ninguna tal vez como Luciérnagas, poema en prosa que debería figurar en todo recital de poesía moliniana:

"...Esta noche, viendo cintilar las luciérnagas en el fondo del follaje oscuro, pensé en ti, y una oleada de vírgenes aromas y cálidos perfumes me envolvió, trayéndome muchos recuerdos de campiñas bañadas de sol, de cafetos cuajados de jazmines, de árboles doblegándose al peso de las frutas picoteadas por los pájaros salvajes de los bosques.

Por un momento he creído escucharla algarabía de los loros en la copa de los cacaotales, el gemido melancólico de las palomas monteses, el áspero grito de las urracas ocultas entre las tupidas frondas y el rumor del espumoso torrente, donde ibas a bañarte en las frescas mañanas de mayo, sueltos los negros rizos sobre la espalda y envuelta en tu elegante bata de lino.

Por un momento he pensado en aquella sencilla y rústica quinta, medio escondida a la salida del terrible volcán, donde pasamos horas tan felices, viendo desde ella ondear los rumorosos maizales, los rumorosos cañaverales, los rumorosos árboles del trópico, bajo un cielo de fuego cortado en lontananza por la brillante comba de un mar azul.

Por un momento he visto los mansos bueyes rumiando perezosamente sobre el césped; he sentido el suave olor de las hierbas chafadas y han aparecido ante mis ojos los paisajes campestres que recorrimos juntos, en aquellos dichosos días, cuando sumando tus años con los míos apenas llegaban a cuarenta.

Ah, las noches estrelladas y ardientes, las hermosísimas noches de la Costa, las noches en que los astros, llenos de intensa luz, se balanceaban armoniosamente en la bóveda celeste.

Vosotras no volveréis para mí. Habéis huido con vuestras sombras pobladas de luciérnagas, con vuestros quejumbrosos ruidos, vuestras brisas venidas de los arbustos en flor, cubiertos de nardos de nieve, de rosas encendidas, no más encendidas que los labios inviolados de la mujer adorada.

Sólo la noche del dolor, la profunda noche del dolor me envuelve. Es una noche inclemente y letárgica como las noches polares; una noche fría como los páramos andinos, como los témpanos de hielo, como el fondo de los sepulcros.

Sólo tú, hermana de Beatriz, hermana de Leonora, hermana de Ofelia, hermana de todas las pálidas vírgenes, de todas las doncellas dolientes, de todas las castas mártires del amor, pasas tristemente por mi tenebroso espíritu, aureolada de un nimbo de polvo de oro, envuelta en una gasa de argentina luz y esparciendo un ultraterrestre resplandor.

Sólo tú desciendes, como la adorable Espírita de Gauthier, a la oscuridad de mis pesares; desciendes a enjugar con tus áureas manos la frente de Prometeo, el cual se subleva aún, atado de una montaña de egoísmos contra la incontrastable cólera de los hados.

"Dejas los círculos angélicos, la gloria de la eterna paz, el mundo de las almas puras, y bajas, bajas como un soplo hasta el planeta que gira lentamente por los callados abismos.

Es entonces cuando me sublevo contra la vida, con rebeldías de ángel caído, cuando oprimo mis sienes entre las manos convulsas, cuando golpeo con mis alas el limo sobre el cual me arrastro.

Es entonces cuando, después de leer las páginas de todos los soñadores malditos, huyo desolado de mi cuarto de estudio, busco la soledad de un jardín lujurioso y salvaje, y me entrego a la meditación bajo la copa de los dormidos árboles, entre cuyas ramas tiemblan las estrellas como flores de luz.

Un vago estremecimiento se cierne sobre él, como si los espíritus errantes del vacío agruparan sobre los follajes sus alas cargadas de sopor. Débiles claridades blanquean la umbría, hilos resplandecientes se prenden a los troncos y rumores imperceptibles turban la calma de la atmósfera tibia.

Una pléyade de luciérnagas, como fragmentos de un fuego fatuo, como átomos desprendidos del disco de la luna llena, como pálidas chispas errabundas, vuelan sobre los cálices entreabiertos, pueblan los naranjos florecientes de azahares, se agitan entre las enredaderas, brillan sobre las anchas hojas, caen en el musgo, se apagan y se encienden por todas partes.

Yo, acordándome de ti, acordándome de que las miré contigo, acordándome de las ardientes noches de la Costa, sigo su vuelo con la mirada sin expresión de los dementes, mientras los astros pasan silenciosamente sobre mi cabeza.

A dónde vais, luciérnagas perdidas, efímeros insectos misteriosos, libélulas de luz?

¿Dormís en el tiempo fondo de las flores? Vivís lo que viven las mariposas que parecen caídas del iris?

¿Acaso le teméis al sol y os ocultáis a la aurora bajo las matas empapadas de rocío?"

Volad, volad ante mis ojos cuando yo os busque en mis horas de insomnio, volad aún ante ellos. Día llegará en que celebre mis nupcias con la muerte y entonces ella no me dejará veros ni por las grietas de mi fosa. Volad aún: es la media noche de la vida".

Ahora el Sagitario de la Melancolía, con las magulladuras de un destino que lo impele hacia el abismo, busca para su ascensión la escala de Jacob de una mística a lo Nervo, con la diferencia de que mientras éste se resigna y hasta se ufana de su actitud, Molina se rebela a cada instante porque le cuesta rendirse.

Resignarse es lo más duro para él. Para él que, como el Cid, encuentra su descanso en el pelear; para él, que no hace concesiones ni las pide; para él, que siempre ha renegado de toda suerte mediocre.

"Todo es nada y Nada es todo", fue el lema de aquellos años, ya lejanos, con su amigo Luis Andrés. Por cierto que fue famoso el palique de sonetos: Zúñiga, con su filosofía cristiana y optimista, y Juan Ramón con su cinismo espectacular, haciendo el contrapeso de la báscula. Pero ahora la Vida, cobrándose algunos desafueros suyos, lo ponía entre la espada y la pared: ¡Todo o Nada!

Y así le vemos vagar en los últimos meses de 1908, acompañado de poetas, de artistas, de estudiantes y de una califa de moscones ansiosos de sacar su patente de notoriedad al contacto de su nombre, aún galvanizado de legitimo fulgor.

Enmedio de ese sonambulismo otoñal, escribe un comentario a la obra intitulada "Ensayo sobre la Historia Contemporánea de Honduras", por el señor César Lagos, así como un poema de alejandrinos lúgubres, que quedó inconcluso y que, con el nombre de "Cristina", fue publicado años después (noviembre de 1917) por Julián López Pineda en el Semanario "El Progreso", que entonces se editaba en Tegucigalpa.

Ya las visiones macabras no le dejan conciliar el sueño ni siquiera por momentos. Como último asidero, echa mano de las drogas. Cierta noche que ensaya dormir, se despierta dando gritos de terror. Álvarez Magaña, y Fernando Gallegos, que se han quedado cuidándole, interrogan:

—¡Es ese viento! —gime él angustiado— ¡ese viento negrooo!!!

Tres días después de esta crisis, y seguido siempre por su ronda de bohemios, se encamina hacia Aculhuaca —hoy Villa Delgado—, cuatro kilómetros distante de San Salvador. En una cantina de por allí, Juan Ramón recibe los favores de la dueña, a quien le ha hipotecada su ya caduca virilidad a cambio de las pócimas malditas; pero al descuido de aquella, él extiende su jurisdicción erótica hasta una joven cantinera, rolliza y graciosa, llamada Pastora, que se ha enamorado locamente del emigrado catracho por sus maneras galantes y su porte varonil.

Es oportuno explicar que Villa Delgado se integró como tal hasta hace muy poco, mediante la fusión de tres poblados: Paleca, San Sebastián Texinca y Aculhuaca, los cuales venían, desde remotos tiempos, separados por una simple calle, lo que les valió el irónico marbete de "Los Estados Unidos de San Salvador". Hogaño, Villa Delgado es prácticamente un barrio de la próspera y bella capital cuscatleca.

La cantina se llamaba precisamente "Estados Unidos" y era de muy pobre condición.

Es el dos de noviembre y la noche ha comenzado a tender su manto zurcido de peligros. Después de copiosas libaciones, los demás regresan, pero el Poeta, que no duerme desde hace varios días, desea conseguir sueño, así sea artificialmente, para lo cual se ha provisto de morfina en sobredosis suicida. Alguien, a su pedido, se la aplica, y allí mismo, dulce y apaciblemente, entra en el "Nirvana sin término, letárgico y profundo" que él mismo había entrevisto en sus noches de presagio...

"Así, calladamente, —dice el Padre Landarech—se fue de este mundo el poeta que había vivido como Byron, que había pensado como Lamartine y que dio forma a su pensar y sentir de una manera bella, atrevida y libre.

Las últimas palabras —el Nirvana sin término, letárgico y profundo— dichas con todo énfasis por el propio biografiado, tornáronme a la realidad.

Miré mi reloj, y estábamos tierra adentro de una noche serena y grave donde sólo se escuchaba la música del silencio entre el jardín de las evocaciones.

Traté de inquirir más sobre la vida y la pasión de aquel hombre extraordinario, pero ya su voz se desleía entre la bruma de un pretérito imperfecto:

"...Acaso os interesa mi suerte misteriosa?
Buscadme en mi magnífico palacio de la Osa
o en mi torre de oro, junto a la Cruz del Sur!".

CAPÍTULO XI: LA SOMBRA DEL LAUREL

JUAN RAMON MOLINA (1875—1908) fue uno de los que nacieron a la poesía bajo el signo de Rubén Darío. Sus temas, aún sus palabras, eran las del repertorio modernista. Era un torturado —su pesimismo lo llevará al suicidio—y le comunicó a su numen un tono personal, inconfundible. Su lirismo fue variado y caprichoso en sus tonos: opulento en "Pesca de Sirenas"; elocuente en "El Águila"; descriptivo en "Canto al Río Grande"; elegiaco en "Una Muerta"; angustiado en "Madre Melancolía" y así sucesivamente. Aunque buscaba tesoneramente la perfección de la forma, no era en sí sólo un artífice. Leyó mucho—literatura, filosofía, aún ciencias—y su visión de la vida fue compleja. Era un egotista, un amargado, hastiado de la vida. Al escribir en prosa se esforzaba en lograr un estilo pulcro y elegante, por muy sórdida que fuera la realidad que describiera, como se puede ver en el cuento "El Chele".

E. ANDERSON IMBERT .

Tal vez moriré joven... Los amigos
me vestirán de negro,
y entre dolientes y llorosos cirios
de pálidos reflejos,
colocarán con cuidadosas manos
mi ya rígido cuerpo,
poniendo mi cabeza en la almohada,
mis manos sobre el pecho.

Ya colocado entre la estrecha cárcel
del ataúd modesto,
la tapa clavará con su martillo
un rudo carpintero.

Después, los seis amigos que me quieran
con más íntimo afecto,

me llevarán sobre sus fuertes hombros
al triste cementerio.

En una huesa lúgubre y profunda,
en un hoyo siniestro.
colocarán, para arrojarle tierra,
el imponente féretro.
Enterrado seré.... La comitiva,
"descanse en paz," diciendo,
me dejará, me dejará muy solo,
en brazos del misterio.

En este poema —"Después que muera"—, escrito diez años antes de entregarle su alma a Dios, hay mucho de profético, al menos en lo de morir joven. Pero la verdad, la triste verdad de su final, está mejor presentada en "La Fosa Olvidada":

Iba el féretro muy solo
por una calle desierta.
sin que nadie, ni un amigo,
ni un extraño lo siguiera.
—¿Quién es?
Ninguno lo sabe,
ni los mismos que lo llevan;
algún oscuro extranjero
que vino de extrañas tierras.

En un rincón olvidado
en medio de las malezas
abrieron la sepultura,
echaron la caja negra,
arrojándole de prisa
las paletadas de tierra.

> ¿Quién descansa en esa fosa
> que cubren malignas yerbas?
> No tiene una humilde lápida
> donde su nombre se lea;
> nadie responde quién duerme
> allí; ninguno le lleva,
> con el semblante contrito,
> una guirnalda modesta...
>
> (Fragmento)

En el romance anterior, hecho poco antes de morir, la visión es en tal forma fotográfica, que el autor, como don Félix de Montemar en "El Estudiante de Salamanca", asiste a su propio funeral.

Y, en habiendo llegado el día, siempre fue el suyo un entierro pobre, por más que la colonia hondureña radicada en Cuscatlán, respondiera dignamente al llamado de las circunstancias.

Al saberse la infausta noticia en Centroamérica, la prensa se deshizo en ditirambos y lamentaciones. Como ya el muerto no podía eclipsar a los detentadores de la mediocridad, comenzó a unificarse en torno suyo una opinión favorable, rayana en apoteosis. Y no podía ocurrir cosa distinta cuando de allende las fronteras ístmicas venían apreciaciones valiosísimas. Para el caso, Rubén Darío, en nota necrológica escrita desde París, decía... "buen poeta, fuerte poeta, pereció víctima de aquel medio matador de todo anhelo intelectual que apaga el alma de Centroamérica. Lo poco que pudo ser lo fue con el machete en la mano, en guerras de su tierra..."

Justo al día siguiente de su muerte, en conmovida página, Froylán Turcios, desde Guatemala, rendía tributo de admiración al ilustre desaparecido, prometiendo editar su obra dispersa. Tal promesa se hizo realidad en 1913, cuando salió a luz el libro de Juan Ramón bajo el nombre tridimensional de Tierras, Mares y Cielos.

Han escrito también bellas loas en su memoria: José Santos Chocano, aplaudido como Cantor de América; Rafael López, el mexicano de "La Bestia de Oro"; Leopoldo de la Rosa, aquel barranquillero errabundo que compartiera con Barba—Jacob el estremecimiento de tanta aventura insólita; Adán Coello, Salatiel Rosales, Rafael Arévalo Martínez, Adán Canales, Augusto C. Coello,

Jorge F. Zepeda, Joaquín Soto, Rafael Heliodoro Valle, J. Cruz Sologaistoa, Román Mayorga Rivas, Alejandro Valladares, Nicasio Gallardo, Salvador Turcios Ramírez, Roberto Barrios, Juan Ramón Avilés, Julián López Pineda, Luis Andrés Zúniga, Primitivo Herrera, José Rodríguez Cerna, Gustavo Solano, Flavio Guillén, Vicente Mejía Colindres, Joaquín Bonilla, Matías Oviedo, Arturo Oquelí, Samuel Ruiz Cabañas, Jesús Castro Blanco, Clementina Suárez, Guillermo Bustillo Reina, Juan Felipe Toruño, Hernán Rosales, Daniel Laínez, Jacobo Cárcamo, Edmundo Cabrera, Céleo Murillo Soto, Fernando García, Medardo Mejía, Angel Moya Posas, Florentino del Cid, Oscar Acosta, Carlos Manuel Arita y otros cien más, cuando menos, de todo el Continente Americano, más algunos de ultramar.

Algunos de esos trabajos —verso o prosa—, aparecen en la edición especial de Juventud Hondureña, el 1° de noviembre de 1913, conmemorando el quinto aniversario de su fallecimiento, y forman parte, igualmente, de la Apología de Juan Ramón Molina, publicada por Jesús Castro en 1936.

Año con año se fue avivando el fuego recordatorio y de este modo en 1917 la Revista "Germinal" rinde nuevos homenajes a quien lucía ya, al margen de toda duda, como el príncipe de la poesía nacional.

Por ese tiempo la prensa hondureña demandó acción para repatriar sus restos, pues acababa de saberse en Tegucigalpa que tan ilustres despojos estuvieron a punto de ser exhumados y arrojados en una fosa anónima, de no haber mediado la oportuna intervención del Abogado Marcos Carías Andino —a la sazón emigrado político— quien pagó por su rescate los respectivos derechos.

Esa campaña pro—repatriación, que era ya un clamor popular, culmina en 1918, cuando el Presidente Doctor Francisco Bertrand autorizó las cantidades necesarias. La exhumación se hizo el tres de marzo, con asistencia de funcionarios y literatos salvadoreños. Los despojos entraron al país por Amapala, donde fueron recibidos con apoteósica unción. El periodista Mario Rivas de Cantruy, Director de la Revista "Renacimiento", dijo el discurso oficial; y Juan Ramón Avilés, que vino en representación del "Ateneo de Nicaragua", acompañó el cortejo desde San Lorenzo hasta la Capital.

La tumba de Molina en Tegucigalpa es, desde entonces, meca de obligada peregrinación para literatos, artistas, estudiantes y toda gente de filiación cívico—sentimental. Asociaciones de intelectuales, universidades, academias, ateneos y escuelas secundarias y primarias de Honduras y del exterior, han llevado y siguen llevando su homenaje hasta ese rincón augusto. Y no es raro encontrar sobre la fría losa uno que otro ramillete de la Amante Desconocida, frescos aún bajo el lucero de la mañana.

Las calles, las bibliotecas, las escuelas y demás lugares y centros que llevan el nombre de Juan Ramón Molina alcanzan crecido número a lo largo de América Central.

Igualmente y honrando su memoria también, allá por 1928, se emitió una estampilla cuya vigencia estuvo en pie durante varios años. Lástima grande que los fondos reportados por la misma no se hayan destinado a erigirle un monumento, tal como ha sido el deseo unánime de la hondureñidad. Pese a que hasta hoy todos los afanes encaminados a tal fin no han trascendido la etapa declarativa, hay base para creer que la ejecución de ese proyecto patriótico no se encuentra muy lejana.

Son ya varias las ediciones que se han hecho de su obra literaria, tanto en verso como en prosa. La primera, dijimos, es debida a Froylán Turcios, y el material allí recopilado sirvió de base a las que se han realizado con posterioridad.

Aunque en estricta verdad, la primera edición de su obra es un folleto hecho por Francisco A. Gamboa, publicista de origen colombiano, el año 1903 en San Salvador, con doce trabajos suyos en prosa. Quizá por lo exiguo de la misma, los biógrafos y críticos de Molina no le han concedido mayor importancia. Ese opúsculo se llamaba "Vibraciones".

La segunda apareció en México, Distrito Federal, en 1929, bajo la dirección de Ricardo D. Alduvín, caballero andante de la pasión creadora, quien actuaba a la sazón como Ministro Plenipotenciario de Honduras ante el gran país azteca.

En 1937, la Editorial "Signos" de aquel esforzado batallador que se llamó Ismael Zelaya, realizó un lujoso tiraje en los talleres de la Imprenta Calderón, en Tegucigalpa, con ilustraciones de Enrique

Galindo, prólogo de Enrique González Martínez y nota bibliográfica de Rafael Heliodoro Valle.

Por su parte, el Gobierno de Guatemala en la administración Arévalo, editó en dos tomos —prosa y verso—, su obra total, mejor dicho, la que ha podido rescatarse hasta la fecha. La edición está registrada bajo el lema "Clásicos del Istmo" y lleva la selección poética un proemio de Argentina Díaz Lozano, renombrada novelista centroamericana.

Finalmente, con ocasión de celebrarse el primer cincuentenario de su muerte en noviembre de 1958, se han hecho dos ediciones de su obra en verso: una de bolsillo por la Secretaría General de la ODECA, con un discurso—prólogo de Carlos Manuel Arita, escritor y poeta hondureño, y otra más completa por el Ministerio de Cultura de El Salvador, con un ensayo introductorio de Miguel Ángel Asturias.

No podría caber en estas notas todo lo que se ha escrito sobre nuestro gran lirica. Pero, a ojo de pájaro, es bueno recordar La Apología de Juan Ramón Molina, por Jesús Castro; dos estudios críticos por Marcos Carías Reyes; una semblanza biográfica por Arturo Oquelí y los ensayos de David Vela, Juan Felipe Toruño, Víctor Cáceres Lara, Humberto Rivera Morillo, Julián López Pineda, Céleo Murillo Soto y William Chaney, en inglés el de este último, existiendo de él sendas traducciones hechas por Corina Rodríguez y Jesús Castro.

Juliana Perna, egresada de la Facultad de Humanidades de El Salvador, se doctoró en 1960 con una tesis intitulada "Juan Ramón Molina, Poeta Romántico y Modernista", donde la autora revela no solamente su claro espíritu de investigación sino también su devoción al aeda.

El más reciente ensayo es el que ha publicado el sacerdote jesuita Alfonso María Landarech, catedrático de Literatura Castellana en prestigioso centro académico de San Salvador. Es una recopilación de enfoques breves editados bajo el nombre de "Estudios Literarios".

Las antologías contemporáneas, tanto en Europa como en América, incluyen regularmente composiciones de Molina, siendo ya varias las enciclopedias que citan su nombre como la más alta expresión del modernismo centroamericano, después de Rubén Darío.

Los poemas que, glorificándole, se han escrito en los últimos treinta años, cubren tan vasto número que no entramos a mencionarlos por temor de incurrir en omisiones.

Quienquiera que tuvo la oportunidad de conocer al malogrado Cantor del Río Grande, referirá que era orgulloso y altanero en sumo grado, por hallarse muy seguro de los títulos que le abonaban. Robusteciendo este aserto, Salatiel Rosales, en uno de sus periodos fulgurantes, dice:

"...Conocimos en carne y alma a Juan Ramón Molina. Aunque lo quisiéramos, no podríamos hacer aquí la biografía del Poeta, pues nunca hemos tenido ese don que es orgullo de los biógrafos. Pero diremos algunos rasgos de su ser perecedero. Pertenecía él a la estirpe de los poetas de belleza apolínea. Era bello, pero no con la belleza judaica y un si es no es atormentada de José Asunción Silva, sino con una belleza griega, sensual y dominadora. Si Asunción Silva, con sus barbas de rabí podía evocar al Lucio Vero del Museo de Luxemburgo, Juan Ramón Molina, con su rostro de corte helénico, era la reencarnación viviente del Apolo de Belvedere. Ello sabía. Por ello muchas veces este poeta dejó de escucharla melodía platónica de sus númenes para entregarse a la contemplación estéril de su propia persona en las lunas de los espejos o en la fuente de Narciso...".

Como consecuencia de todo lo apuntado, Molina abrigaba la confianza de que, aún después de su muerte material, sus versos seguirían aleteando en el recuerdo de las generaciones:

Pero mi oscuro nombre las aguas del olvido
no arrastrarán del todo, porque un desconocido
poeta, a mi memoria permaneciendo fiel,
recordará mis versos con noble simpatía,
mi fugitivo paso por la tierra sombría,
mi yo, compuesto extraño de azúcar, sal y hiel.
Envuelto en un solemne crepúsculo inefable,
dirá, tal vez pensando en nuestro ser variable:
"—Cual nuestro patrio río su espíritu fue así:
soberbio y apacible, terrífico o sereno,
resplandeciente de astros o túrbido de cieno,
con rápidos y honduras y vórtices...". Tal fui.

Estrofas de "Rio Grande".

CAPÍTULO XII: PROYECCIÓN ECOLÓGICA

"...Juan Ramón Molina es el más grande de los portaliras que nos ha dado la Centroamérica de estos últimos tiempos. Vigoroso como un roble, hermoso y bello como un Goethe, ágil como un felino, degenerado como un Verlaine, imponente como un emperador. Bajo otras estrellas, la vida de este hombre —cuya mentalidad, a manera de un girasol, tuvo la virtud de volverse hacia todos los soles del pensamiento— habría tenido entre sus puños la creación de obras de genio".
ALFONSO GUILLÉN ZELAYA

La hondureñidad entera ha consagrado a Molina como su máximo portalira, y, en el transporte de su admiración, ha dado en calificarlo, con frase poco original, el Príncipe de los Poetas Nacionales. Pero cierta gente de élite, con una exigencia estética mayor, opina que tal afirmación no debe recibirse sin beneficio de inventario, esto es, que no se tenga como verdad jurada mientras no se revise a conciencia la obra de otros eximios rapsodas como José Antonio Domínguez, Froylán Turcios, Augusto C. Coello, Alfonso Guillen Zelaya, Joaquín Soto, Julián López Pineda, Ramón Ortega, Francisco P. Figueroa, Rafael Heliodoro Valle, Jacobo Cárcamo, Daniel Laínez, Jorge Federico, Luis Andrés Zúñiga, Guillermo Bustillo Reina, Céleo Murillo Soto y otros grandes fallecidos, así como la de ciertos valores nuevos que se encuentran en plena frutescencia.

La unánime acogida que recibiera la orquesta moliniana, se explica por varias causas, entre ellas la fatiga que causaba a fin de siglo la poesía sentimental y monorrítmica de algunos áulicos de Juan de Dios Peza, Núñez de Arce, Julio Arboleda, Manuel Acuña, José Eusebio Caro, Olegario V. Andrade y muchos más de apergaminada estirpe romántica.

Tampoco puede descartarse la temática de su creación, que cubre un universo de motivaciones varias, desde el amor hasta la muerte y desde el optimismo hasta la angustia, todo dentro del marco de una lujosa naturaleza tropical. De ese modo, los múltiples estados de alma son revestidos por Molina con lenguaje altisonante, con ropaje de finas decoraciones, con palabras azules, rosadas o amarillas o verdes o amatista, plasmando con magistral acierto sus emociones, bien ante el arcoíris oferente o bien ante los problemas sociales que recién entonces comenzaban a ensombrecer de preocupación la frente de los hombres responsables.

Amén de lo que en su obra pudiéramos tener como cantos de vida y esperanza, Juan Ramón se detiene a meditar en el tremendo drama de la guerra civil y lo incorpora a su poesía como un fantasma inevitable. Oigamos la parte final de su "Adiós a Honduras":

Yacen allí, tras las batallas cruentas,
las torvas osamentas
de tus hijos más dignos y valientes,
y que rodaron, en su rabia loca,
de una roca a otra roca
el cartucho mordiendo entre los dientes.

¡Ay! A pesar del largo despotismo
que te empuja al abismo,
a la nostalgia sin hallar remedio,
mares cruzando y anchos horizontes,
tornamos a tus montes
porque nos mata un incurable tedio.

Vi humillada en el polvo la bandera,
extinguida la hoguera
del patriotismo, alzados los protervos,
hundido el pueblo en vergonzosas cuitas,
las águilas proscritas
por una banda de voraces cuervos.

Vi... ¿Mas pudiera el pensamiento mío
describir el sombrío
lúgubre cuadro de baldón y mengua
que me llenara de indecible espanto?
¡Vigor falta a mi canto
y siniestros vocablos a mi lengua!

Cuando enaltece el déspota triunfante
la poesía vibrante,
es triste objeto de irrisión y mofa.
¡Para el infame que a su pueblo abruma
con el terror, la pluma
puñal se vuelva, y bofetón la estrofa!

Los que sufrís en ocio envilecido
sin lanzar un rugido
el látigo ominoso del verdugo,
 por qué lloráis? ¡Bien merecéis, menguados,
ser vosotros atados
como los bueyes al innoble yugo!

Pero ¡qué exclamo! Perdonadme, amigos,
que impasibles testigos
no fuisteis nunca de la patria ruina,
porque habéis muerto con valor sereno,
coméis un pan ajeno
o sufrís en hedionda bartolina.

Perdonadme también los que entre crueles
burlas, en los cuarteles,
atados de los pies y de los brazos,
con fieros palos y con golpes rudos
de los cuerpos desnudos
la carne os arrancaron a pedazos.

¡Y tú también perdóname, ¡oh robusta
juventud, que a la justa
ira cediendo, entre el común asombro,
llevaste a cabo insólitas hazañas
luchando en las montañas
muerta del hambre y el fusil al hombro!

De la ciudad al triste caserío
despertó al fin el brío.
a tu voz, de los hijos de mi tierra;
y en sus bases graníticas sentados
los montes enriscados
tu ronco grito repitieron: ¡guerra!
Por qué fue en balde el temerario arrojo
con que en sublime enojo
el pecho diste a la mortal metralla?
¡Ahora que triste la mirada giro
en derredor, te miro
sin sepulcro en los campos de batalla!

¿Qué fue de aquellos que estreché las manos,
que quise como hermanos
en otros tiempos y mejores días?
Dónde están? Cuántos son? ¿Por qué se vedan?
¡Ay! de ellos sólo quedan
ilustres sombras y osamentas frías!

Todos murieron en la lucha fiera
al pie de su trinchera,
víctimas nobles de un brutal encono;
y hoy en Honduras, cometiendo excesos,
alza, sobre sus huesos,
un despotismo asolador su trono!

A los malvados que a su pueblo oprimen
con el crimen, el crimen
ha de poner a sus infamias coto,

o volarán, odiados y vencidos,
del solio, conmovidos
por un social y breve terremoto.

Vendrá la redención... Me voy en tanto.
La noche tendió el manto
por la callada inmensidad del cielo,
y cuál del sol enamorada viuda
melancólica y muda
vierte la luna un resplandor de duelo.

La fresca brisa con su beso alivia
mi frente que arde y tibia
aspiro una ola lánguida de aromas.
¡Efluvio de mis rústicos alcores!
¡Hálito de mis flores!
¡Emanaciones de mis verdes lomas!

Queda la Isla del Tigre tras la quilla
del vapor; el mar brilla
salpicado de espumas luminosas.
que se encadenan y que forman luego
mil culebras de fuego
sobre las negras aguas temblorosas!

Pero, contrapesando el pesimismo que destila en algunos poemas, nos encontramos con otros que son clarinadas al servicio de las grandes causas, tales como la reivindicación social, la Unión Centroamericana—máxima preocupación del hombre ístmico—, y la Solidaridad Continental.

El panamericanismo de Molina está patente no sólo en su "Salutación a los Poetas Brasileros" y en su Tríptico a Darío, sino también en otras de sus realizaciones, tales como el gran poema "Águilas y Cóndores", sin descartar, por supuesto, sus trabajos en prosa, los cuales constituyen aportes de primer orden al programa de unidad hemisférica:

De "Águilas y Cóndores" son estas estrofas:

Portaliras ilustres de nuestro Continente:
miremos el futuro con ojos de vidente,
con ojos que irradiasen —de sus cuencas sombrías—
la luz de las más grandes y fuertes profecías;
la luz de Juan —con su águila y su delirio a solas—
frente al eterno diálogo de las convulsas olas,
que oyeron —bajo un cielo de horror y cataclismo—
las cosas que le dijo la lengua del abismo;
voces de Dios: hipérboles, parábolas y elipsis,
que truenan en el antro del negro Apocalipsis!

¿Hermanos no seremos en la América? Todos
nacimos de los gérmenes vitales de sus lodos:
desde el rubio hiperbóreo que en el norte domina
hasta el centauro indómito de la pampa argentina,
que rige los ijares de su salvaje potro
como las ruedas rítmicas de su máquina el otro,
cual si quisieran ambos —henchidos de arrogancia—
suprimir los obstáculos del tiempo y la distancia.

¡Razas del Nuevo Mundo! Pueblos americanos:
en este Continente debemos ser hermanos,
bajo el techo de estrellas de nuestro Eterno Padre:
la madre de nosotros es una misma madre,
es una misma Niobe, que nos brindó su seno,
de calor y de leche, y de dulzura lleno;
inagotable seno cuyo licor fecundo
dará la vida a todos los huérfanos del mundo!

Y en su bella prosa intitulada "El Nuevo Mundo", nos ofrece este trozo final:

"Si fuera dable lanzar profecías en este siglo de la dinamita y del vapor, yo diría que los hombres y las tribus, y los pueblos y las razas, y las naciones, y el Dios de Confucio y el Dios de Abraham, y el Dios de Sócrates y el Dios de Jesucristo, y el hombre de piel amarilla como el hombre de piel negra, y el hombre de piel cobriza como el hombre de piel blanca, y los que habitan en las islas del océano y los que habitan en la tierra firme, y todos cuantos alientan alma sobre la faz del planeta, llegarán en misteriosa corriente al Nuevo Mundo, ya quise reunirán para fundar las grandes ciudades de una colosal República, y el bueno y omnipotente Dios de todos los dioses, estará complacido y mirará con generosos ojos el consorcio de los hombres que puestos de rodillas, elevarán al Ser Supremo, el himno más glorioso que hayan creado las religiones muertas y las religiones vivas, el himno de la libertad, del trabajo y de la civilización, que ya balbucea la Humanidad en la agonía del siglo decimonono y que en lo futuro darán a los cuatro vientos los hijos de nuestros hijos, hasta la consumación de los tiempos...".

El Modernismo vino a desentumir las articulaciones del idioma, aherrojadas por siglos de grilletes. La voz de nuestro adalid entró sin pasaporte al corazón de todos, por medio de una poesía ancha, fresca y transparente, donde se reflejaba y aún sigue reflejándose la psicología de su propio pueblo, hecha de asombros y de contrastes.

Huraño y sensitivo, sincero hasta el sacrificio, soñador y rebelde: he ahí al hondureño de hoy de ayer y de mañana. Así se explica la vigencia de la poética moliniana, que aún no ha declinado. En su aliento sinfónico no han de faltar ni pálpito telúrico, ni bramido de mar en celo, ni aleteo de cóndores, ni bisbiseo de fontana, ni eclosión de orquídeas, ni patinaje de aguaceros sobre tejados centenarios, ni vibración de racimo iluminado, ni arrullo de torcaz enamorada; ni ha de faltar, finalmente, el rugido del cañón, llenando de pavor las oquedades.

A la verdad, nadie como Juan Ramón Molina ha explorado mejor, en sentido cortical, la prodigiosa trama de ese paisaje inquieto y contradictorio. Sólo a él, por lo tanto, le fue dado sorprender, entre una gasa de vapores cósmicos, el alma desnuda y pudorosa de la Patria.

La crítica, focalizando su atención únicamente sobre los versos del genial apolonida, ha soslayado involuntariamente el examen de su prosa, donde concurren, sin asomo de duda, iguales o mayores excelencias. En el curso de este ensayo hemos transcrito algunas piezas notables, sin agotar, por supuesto, la caudalosa producción que aún anda dispersa a través de revistas y periódicos por los cuatro rumbos ístmicos.

Uno de sus campos favoritos fue el polémico, quizá porque al esgrimir la tizona se olvidaba del aire enrarecido de la aldea. Sobre este particular, William Chaney afirma que "Molina ha sido considerado como uno de los más refinados panfletistas, y parecía haber sido inspirado por Juvenal o Víctor Hugo, a quienes posiblemente llegó a superar".

El Cantor de "El Río Grande" pudo haber sido también un magnífico ensayista; pero es obvio que no tuvo el tiempo suficiente para montar un taller adecuado al ejercicio de esta especialidad, en la que se inmortalizaron Montalvo, Rodó, Hostos, Mariátegui y Alfonso Reyes, para sólo citar a unos pocos. Apenas nos queda de ello su "Prefacio" a la novela de Froylán Turcios, escrito en 1906, entre la demencia de la gran metrópoli parisiense, ombligo del pensamiento latino.

De Molina, como narrador, diremos que si bien no nos legó trabajos de trascendencia, por lo menos clavó hondo la garra de su talento en relatos como "El Chele", "El Corneta", "La Renuncia del Escribiente", "La Niña de la Patata", "Muerte de Dionisio" y algún otro con aspecto de cuento, de fábula o de relato.

Excepción hecha de una tímida tentativa en materia de teatro, en los lejanos días de Quezaltenango, no existe vestigio alguno de que Molina haya incursionado en tal terreno, ni en la novela, ni en la oratoria. De entre los pocos discursos pronunciados por él, ninguno alcanza categoría antológica.

Con base en el anterior balance, no resulta aventurado afirmar que, de haber vivido más tiempo y con el auxilio de una cultura mejor estructurada, el prosista que había en él pudo haber sobrepujado al versificador.

La obra de Molina denuncia una fuerte dosis de influencia dariana. En efecto, la lectura de "El Águila" nos recuerda a "Ananke", así como su "Autobiografía" nos transporta a los "Cantos de Vida y Esperanza". Ese influjo está presente también en varios pasajes de ambos poetas, como aquel en que simultáneamente se duelen de su ser ultrasensible:

Darío:
Dichoso el árbol que es apenas sensitivo
y más la piedra dura, porque esa ya no siente,
pues no hay dolor más grande que el dolor de ser vivo
ni mayor pesadumbre que la vida consciente...
("Lo Fatal").

Molina:
Ser del todo insensible como la dura piedra,
y no tallado en una doliente carne viva
de nervios y de músculos, o ser como la yedra
que extiende sus tentáculos de manera instintiva...
("Anhelo Nocturno").

Coinciden igualmente en la nostalgia por la ida juventud; en el diálogo fraterno con el pino, árbol—hombre de la América Central; en algunos motivos navideños; en el temor a la muerte y en el culto hacia las causas superiores, tales como la integración del pueblo istmeño y la hermandad continental, amén de muchas otras motivaciones que les hicieron sentarse a la mesa familiar, compartiendo el pan y el vino sin el menor asomo de pugilato, ya que resultaría ocioso admitir controversia alguna por razón de envergadura.

Pero esa influencia, que es innegable, en nada desfavorece al portalira hibuerense porque en todas y cada una de las tejedumbres donde la misma se manifiesta, Molina iguala siempre —y supera a veces— al magno artífice de la "Sonatina". Dígalo si no "El Águila", cuyo final guarda tan armónica congruencia con el ímpetu blasfemo del poema, como que a la reina de las aves no le espera otro destino que caer fulminada por el rayo, en tanto que la cándida paloma de "Ananké" halla la muerte entre las garras prosaicas de un vulgar y hambriento gavilán.

Por otra parte, ¿quién era aquel que, sintiéndose modernista, no iba a besar las plantas de su maestro?

A mayor abundamiento ya hemos establecido que Darío no es el creador del Modernismo sino su máximo adalid, su mejor intérprete, o sea el hábil taumaturgo que, uniendo a su propio genio la experiencia de los precursores, redacta un evangelio, levanta una bandera y se echa a andar por el mundo, lanza en ristre hasta triunfar a niveles ecuménicos.

Juliana Perna encuentra en la poesía de Molina reminiscencias de Bécquer y particularmente de Leopardi. Reminiscencia, que no influencia directa: "...En Leopardi no hay dualidad. Su poesía lleva un sólo camino: la queja desolada en que él es a veces más penetrante, pues, perdida la fe religiosa, no tiene ninguna esperanza de otra vida. Molina, ora desespera sin esperanza religiosa, ora cree en los designios de un Dios Todopoderoso... La queja de Molina está llena de protestas e inquietudes; la queja de Leopardi es serena y altiva, todo lo contrario de la de Byron, que es sarcástica y burlona...".

También Poe proyectó su brújula sobre el espíritu lunar del gran poeta hondureño.

El término influencia tiene efecto relativo, y su alcance es elástico e impreciso. Vaya un caso: si se lee con cuidado la producción de Barba—Jacob, encontraremos, en soterrada vivencia, los desesperados acentos que configuran la poética de Juan Ramón Molina. Y el fenómeno se explica fácilmente al sólo recordar que el egregio antioqueño convivió entre nuestros poetas en dos oportunidades: 1915 y 1926, y que fue en un pinar de Honduras donde "vigorizó su aliento". Prologó el libro de Joaquín Soto — "El Resplandor de la Aurora"—; descendió a los infiernos de la tragedia moliniana y al tercer día resucitó predicando las excelencias de Soto y de Molina, dos poetas como él: geniales y atormentados.

En sus lamentaciones por la eterna partida de Juan Ramón, varios escritores se dieron a la tarea de indagar sobre la causa de su prematura muerte. Algunos de ellos culparon al régimen político de Honduras por su miopía punible. Otros recriminaron a las empresas periodísticas donde Molina trabajaba, por haberlo abandonado, sabiendo que se moría. Y no faltaron los que, usando un argumento manoseado, sindicaron como autor directo al enemigo número uno de los hombres superiores: el medio ambiente.

Las dos primeras imputaciones carecen de fundamento, ya que las satura una fuerte dosis de pasión, ingrediente éste que en toda indagación crítica debe marginarse a priori. Pero a la tercera sí podemos concederle, provisionalmente, cierta validez.

No hay duda de que en escenarios más propicios, habrían dado mejores frutos los númenes florecientes de Adán Coello, Ramón Ortega, Alonso A. Brito, Marco A. Ponce, Ramón Padilla Coello, Raúl Salgado Rubí, Juanita Zelaya, Humberto Villela Vidal, Daniel Laínez, Hernán Alcerro Castro y muchos corifeos del divino Apolo que ya emigraron del ler terreno. Ellos hicieron únicamente lo que pudieron, porque el ambiente les negó alas. Y ese fue el caso de Juan Ramón Molina, visto a escala mayor.

La influencia del ambiente en el ascenso del hombre es innegable pero no decisiva mientras no vaya acompañada de otros factores también determinantes, como el talento, —que es la patente de lucha contra el entorno que nos rodea—, la voluntad de superación y el sentido de responsabilidad para consigo mismo y para con las categorías fundamentales que conforman su existencia: raza, credo, patria, hogar...

A la luz del siglo que estamos viviendo, ese determinismo ecológico, ese fatalismo de que "el ambiente lo mató", ya ha caído en franco desprestigio porque a su amparo se han querido justificar las frustraciones de tantas almas menguadas, disimulando la mediocridad de muchos intelectualoides que jamás habrían dado cosa alguna digna de aplaudir ni aquí ni en ninguna parte, por aquello de que "lo que Natura non da, Salamanca non lo presta..."

El Poeta de nuestro tiempo ya abandonó para siempre la torre de marfil, y, en confundiendo su voz con el grito del gentío, ha devenido en arúspice de las angustias, de los júbilos y de las aspiraciones populares. El poeta de hoy es, pues, un hombre como los demás hombres, diferenciándose únicamente en que, a fuer de iluminado, entiende más a fondo el contenido de los mensajes eternos. De este modo, concurre en él la triple misión de profeta, de maestro y de soldado.

¿Reunió Juan Ramón Molina todos estos atributos?

Decididamente, sí. Su caso es excepcional, extraordinario. Y he ahí por qué, en la constelación modernista regida por Darío, el genial hondureño ha sido y seguirá siendo una estrella de primera magnitud.

San Salvador, Centroamérica.

CONTENIDO

EL DOCTOR AGUILAR PAZ TENÍA RAZÓN 1

ELISEO PÉREZ CADALSO: UN VALOR NACIONAL: Por HERNÁN CÁRCAMO TERCERO 3

DON ELISEO Y MANUEL: Por JUAN ANTONIO MEDINA DURÓN... 7

EL GRAN CONVERSADOR: Por PEDRO PINEDA MADRID 9

SE FUE OTRO HABITANTE DE LA OSA: Por MARIO ARGUETA 11

ELISEO PÉREZ CADALSO, JURISTA, POETA, ENSAYISTA Y DIPLOMÁTICO: Por HOSTILIO LOBO DIAZ........................... 15

CECILIO ELISEO, UN HOMBRE NO COMÚN: Por ENRIQUE AGUILAR PAZ 19

LOS PUNTOS Y COMAS DE DON ELISEO: Por JOSÉ MARÍA LEIVA LEIVA 23

SEMBLANZA CULTURAL DE DON ELISEO PÉREZ CADALSO: Por MARÍA ELBA NIETO SEGOVIA 27

LA FOJA DIPLOMÁTICA DE ELISEO PÉREZ CADALSO: Por RAFAEL LEIVA VIVAS... 33

LA NARRATIVA CRIOLLISTA DE ELISEO PÉREZ CADALSO: Por MANUEL SALINAS PAGOADA 37

LA CUENTÍSTICA DE ELISEO PÉREZ CADALSO: Por HELEN UMAÑA... 41

ENTREVISTA CON EL ESCRITOR ELISEO PÉREZ CADALSO: Por MANUEL SALINAS PAGOADA 51

LETRAS EN DUELO: Por JULIO ESCOTO............................... 57

CIUDADANOS QUE RECORDAREMOS: Por OCTAVIO PINEDA ESPINOZA 61

ELISEO PÉREZ CADALSO COMO HOMBRE DE LETRAS: Por HERNÁN CÁRCAMO TERCERO 63

EL ESTUDIO SOBRE VALLE DE ELISEO PÉREZ CADALASO: Por ROLDÁN DUARTE 67

TRES CUENTOS DE DON ELISEO 69
BALAS CRUCEADAS 71
EL TUNCO CRESCENCIO 75
POZO DE MALACATE 87
EL HABITANTE DE LA OSA, VIDA Y PASIÓN DE JUAN RAMÓN MOLINA: por ELISEO PÉREZ DESCALSO 95
CAPÍTULO I: MÍSTER BLACK 101
CAPÍTULO II: ENCUENTRO CON DARÍO 111
CAPÍTULO III: DON MORAZÁN 119
CAPÍTULO IV: VUELA CON EL ÁGUILA 129
CAPÍTULO V: DETENIDO Y HUMILLADO 135
CAPÍTULO VI: EL ACECHO DE LA MUERTE 149
CAPÍTULO VII: TRILOGÍA DE DOLOR 161
CAPÍTULO VIII: VIAJES POR EL MUNDO 169
CAPÍTULO IX: ANNABEL LEE 185
CAPÍTULO X: TIERRAS, MARES Y CIELOS 195
CAPÍTULO XI: LA SOMBRA DEL LAUREL 221
CAPÍTULO XII: PROYECCIÓN ECOLÓGICA 229

www.ingramcontent.com/pod-product-compliance
Lightning Source LLC
Chambersburg PA
CBHW020247010526
44107CB00002B/132